あなたが
10年後に
生き残って
いるために

プログラミングを知らないビジネスパーソンのためのプログラミング講座

A Programming Course for Business People

福嶋紀仁 Norihito Fukushima

CCCメディアハウス

執筆協力　五十嵐広亮（ジーブレイン）
小川公一郎（トリプルエーテクノロジーズ）
須田信吾（トリプルエーテクノロジーズ）
後藤剛彦（クイント）
橋田厚
編集協力　亀谷敏朗
校　正　円水社
装　丁　相京厚史（next door design）

目次

序章　レッツ・プログラミング！　でもその前に……

第1章　そもそもプログラミングとは何なのか？

第2章

コピペで軽〜くプログラミング体験をしてみよう

第3章 プログラミングの実物で「変数」「順次構造」を学ぼう

第4章

プログラミングの実物で「関数」「演算子」「選択・反復構造」を学ぼう

第5章

さらにプログラミングを知りたい人のための勉強法

序章

レッツ・
プログラミング！
でもその前に……

プログラミングは楽しい

「プログラミング」と聞くと、難しそうで敬遠されがちなイメージを抱くかもしれない。

しかし、この本を手に取ってページをめくっていただいているということは、あなたはプログラミングについて「なんとなく興味がある」、「ちょっとやってみようか」と考えてくれている読者であるはずだ。

そういう考えを少しでも持っている人であれば、プログラミングを楽しいと思える才能をすでに持ち合わせていると言ってもいい。

あなたはプログラミングができるようになる才能をすでに備えているのである。

もし私が「なぜプログラミングをしているのか？」と聞かれたら、やはり「プログラミングは楽しいから」という答えになる。

なぜプログラミングを楽しいと感じて続けていられるのか、「プログラミング入門」という本題に入る前に、私が思うところを少し書いておきたい。

プログラミングにはもの作りの楽しさがある

まず、プログラミングとは何かを作り、生み出すことである。

自分の手で何かを作ることは、ワクワクするし、純粋に喜べる楽しさがある。子供のころ、自由な想像にまかせて粘土や砂遊びに没頭していたのと同じようなものだ。

粘土や模型など、どんなものでもそうだが、自分で作り出したものには愛着がわいてくる。その例に漏れず、プログラムも愛おしく感じることができるのだ。

作ったプログラムはコンピューターを動かすことができる。その結果、自分の仕事を助けてくれたり、自分に何らかの利便性を提供してくれるはずだ。

自分が使って便利と感じるのであれば、それは他の人にも便利なものであり、ぜひ使ってもらいたいと思うようになる。

他の人に便利だと喜んでもらえると、またプログラムを作りたくなる。作ったプログラムを誰かが使ってくれることで、自分のプログラミング・スキルも伸びていくのである。

プログラミングにはデバッグがつきものだ。

デバッグとは、簡単にいうと、作ったプログラムを動かしてみて、うまく動かないところがないかを探しながら、見つけた間違いを直していく作業のことだ。本をつくるときの校正作業のようなものである。

問題箇所を見つけては直していき、すべてが自分の意図した通りに動作をしたときは、とても気持ちがいい。

エクセルの関数を使ってデータの分析をしているあるビジネスマンは、これを「エンターキーの快感」と呼んでいた。エンターキーを叩いた瞬間に目論見通りの結果が出たときの爽快感、ということである。

プログラミングによって、問題を鮮やかに解決したという「快感」を味わうこともできるのだ。

プログラミングは「知っててよかった」と思える知識

プログラミングはゲームをクリアしていくような、難解な問題を丁寧に紐解いていくような、パズルのピースを探して嵌めていくような感覚に近いものがある。

私の場合、たまに電車内で、うまく動かない箇所の解決方法がパッと閃くことがある。

そういうときは早く試したいという衝動に駆られてウズウズしてしまう。まるで人気のアトラクションに並んで待っているようで、私はこのウズウズした感覚がたまらなく楽しくて好きなのだ。


学生時代の勉強の成果はテストの点数で表されるが、これは他人と比較して自分の位置が分かるだけだ。それに比べてプログラミングは、実際にコンピューターを動かして、自分の目で自分の成果を直接感じることができる。

また、社会人から始めるプログラミングの勉強と学生時代の勉強で大きく異なるのは、すぐに仕事で試すことができる点である。これは、今日学習したことを今日試して、今日の仕事に応用することが可能ということだ。

私は、本書の読者が「プログラミングを知っていてよかった」という思いを持つことは間違いないと思っている。

プログラミングに触れてその楽しさを知ると、新しい技術を知りたくなり、新しい技術を知ると、それを使って何かプログラミングできないかと考えるようになる。

こういう体験を続けると、次から次へと違う楽しみが増えていくものだ。プログラミングに触れてもらえれば、きっと病みつきになる楽しさを体験できるはずである。

プログラミングが必要とされる理由

2020年、小学校におけるプログラミング教育が必修化される。

ＩＴ社会の拡大に対応するための、ＩＴリテラシー教育の一環である。「英語ができて当然」というのと同じレベルで、プログラミングができて当たり前となる時代がすぐそこに迫ってきているのである。

そういうわけで、あと15年（早ければ7〜8年）もすると、プログラミングの必修教育を受けた新入社員が企業に入ってくる。すると**企業のほうでも「プログラミングができて当然」といった風潮になってくることは明白だ。**

今の社会は、コンピューターなしでは活動できない世界になっている。身近なところを見渡しても、会社ではパソコンを使用し、通勤時間にはスマホをいじっている人がほとんどではないだろうか。

そんななか、今後ＩＴ人材が不足するという声が大きくなってきている。

昨年、経済産業省からＩＴ人材の最新動向と将来推計に関する調査結果が発表された。

産業界で大型のＩＴ関連投資が続くことや、昨今の情報セキュリティ等に対するニーズの増大、またビッグデータやＡＩ、ＩｏＴ等の新しい技術やサービスの登場により、今後ますますＩＴ活用の高度化・多様化が進展する。そのためＩＴ需要は拡大する一方で、労働人口の減少によりＩＴ人材の獲得は現在以上に難しくなると考えられている。

数字で見ると、２０２０年に36・９万人、２０３０年には78・９万人のＩＴ人材が不足すると予測されている。


ＩＴ人材が不足するとどうなるのか。

企業としては、少々のプログラミングなら社内でやる必要に迫られる。つまり、プログラミングのできる人を社員としてそろえたいと考えるはずだ。

ゆえにビジネスパーソンとしては、いまから10年後も生き残っていようと思うなら、プログラミングを知っておかねばならないのである。

プログラミングで仕事が速くなる

人間のできることには限界がある。

飯も食わず、休憩も取らないでどんなに頑張ったとしても、仕事の成果は思ったほどには上がらないものだ。

しかし、エクセルの「関数」を使って、たとえば「ピボットテーブル」を使って「エクセルマクロ」を自分のイメージ通りに動かせれば、半日仕事があっという間、たぶん5分で終わる。

こうした経験をした人は、「これがいろんなビジネスシーンで使えれば、相当効率化できそうだ」と考えるはずだ。

「エクセルマクロ」の裏側に行けば、それが一連のエクセルの操作を記録した「スクリプト(プログラム)」であると分かる。知っている人も多いだろう。

エクセルの関数を使って仕事のスピードを上げている人は多い。関数は意識せずに使っているが、実はプログラムである。

プログラミングを知っているだけで生産性が何倍も、いや、何十倍も違ってくる。

「知る」ことは非常に意味のあることなのだ。

もう少し付け加えるならば、プログラミング的思考は、それが今やらなければならない仕事か、誰がやるべき仕事かを判断するうえでも大いに役に立つ。

プログラミングは、知っておくべきビジネス上のスキルと思ってほしい。

プログラミングを知れば検索も速い

あなたは魔法の箱を持っている。

その箱に呪文を唱えると、唱えた呪文に応じてさまざまなことをやってくれる。

そう、**魔法の箱はコンピューターで、呪文を唱えることがプログラミングである。**

呪文がどの言語（プログラミング言語）で書かれているかは大した問題ではない。なぜなら、コンピューターはいろいろな言語が理解できるからだ。必要なのは、呪文を唱えて何をしたいのかである。

コンピューターに対してどのようなことを、どういったルールで実行させたいか、これを指示することがプログラミングなのだ。

プログラミングの最も重要な部分はここである。

ビジネスでパソコンを使うことは、仕事の生産性を考えたときに必要不可欠であり、現代のビジネスパーソンにとって必須のスキルであることは間違いない。

ビジネスシーンでは、次々と新しいＩＴの仕掛けを組み込んだシステムを活用することを強いられる。５年ほど前までなら、手元のパソコンと社内ＬＡＮだけで済んだ仕事でも、いまやクラウドとつながっていなければ何もできない。

これまでは業務を理解し、パソコンの操作を覚え、データを入れるだけでよかったことでも、それなりのＩＴスキルを身に付けておかないと、なかなか「できるビジネスパーソン」とは認められなくなった時代だ。情報がよりスピーディに流れ、よりスピーディに処理しなければならないからである。

効率化を求めているビジネスパーソンは、情報を「集める」「選別する」「うまく整理する」ことを常に実践している。

インターネット検索では、1つの検索ワードだけでなく、2つ以上の検索ワードを使うときに、キーワードとキーワードの間にスペースを空けて検索する。

たとえば、「佐野のアウトレットに行った後においしいラーメンを食べたい」と思い浮かんだときに検索するフレーズは「佐野アウトレット　おいしいラーメン」となるだろう。しかしこれでは、ヒット件数が相当出てきてしまう。

それではどれを見るべきか迷ってしまう。そこでキーワードを「〝〟」（ダブルコーテーション）で挟んで再検索してみる。

「〝佐野アウトレット〟　〝おいしいラーメン〟」で検索するのだ。

実際に検索してみれば、ヒット件数が極端に少なくなるのがおわかりになるだろう。「そのものズバリを知りたい」ときに使う検索方法である。

プログラミングの世界では、特定してよい文字がある場合は半角の「〝」で囲んで定義する場合がある。データを抽出するときや、条件の判定に使うときである。こんな些細なことの繰り返しでも、積み上げていけば、いままでの仕事にかかっていた時間は着実に減っていくはずだ。

「プログラミングができて当たり前」の時代に生き残れるか

IT化によって「ただのサラリーマン」は要らなくなる。

もし、あなたが「ただのサラリーマン」なら、10年後に生き残ってはいられない。それは、現在の仕事がIT化によって10年後には要らなくなってしまう可能性が高いからだ。

ここに、あなたが10年後に生き残れるか、チェックリストを用意したので、ぜひ試してみていただきたい。

あなたは何項目、当てはまる？　10年後に生き残れるかチェックリスト

1. 仕事は日々のルーチンワークだ □
2. インターネットを必要だと思わない □
3. エクセルは面倒だ □
4. インターネットでの検索は仕事に不必要である □
5. そもそもパソコンを仕事で使わない □

❻ 人とコミュニケーションを取るのが不得意だ □

❼ スマートフォンの機能を使い切れていないと思う
もしくはスマートフォンを持っていない □

❽ IT化は自分の仕事の敵だと思う □

❾ 論理的に物事を考えるのが苦手だ □

❿ プログラミングにまったく興味が持てない □

さて、何項目にチェックが入っただろうか。結論から言うと、3～4つ該当すれば要注意、5つ以上の該当で危険領域である。

IT社会の加速度的進化によって、これまで人がやってきた仕事は大きく変わることが予想されている。いまのところ本を書くのは人間がやっているが、作品によってはコンピューターが執筆することがあるかもしれない。

専門用語を使った専門分野の説明ならば、AIのほうが正確さで人間よりも一枚上であろう。その場合、著作権はいったいどうなるのかという新たな問題は生じるだろうが、人間のやる仕事の領域が漸減していくことはほぼ間違いない。

私的な見解ではあるが、IT化の進歩によってなくなりそうな仕事を次表に挙げてみた。

AIとロボットによって10年～20年後に消える仕事

銀行の融資・窓口担当
学習塾講師
スポーツの審判
不動産ブローカー
レストランの案内係
保険の審査担当
証券アナリスト
弁護士助手
税理士・公認会計士（税務申告代行）
翻訳
建設作業員
建設機械オペレーター
タクシー運転手
路線バス運転手
宅配配達員
電話オペレーター
家電アドバイザー
訪問販売員
給与・福利厚生担当
人事・採用担当
レジ係
一般事務
物流仕分け
ホテルの受付係
苦情処理係
歯科技工士
測量・地図製作

オックスフォード大学でAI（人工知能）などの研究を行うマイケル・A・オズボーン准教授が
同大学のカール・ベネディクト・フライ研究員とともに著した
『雇用の未来？ コンピューター化によって仕事は失われるのか』を参考に作成

あなたは必ず生き残れる！

プログラミングとは、コンピューターに「命令を与えること」。

これがプログラミングそのものである。

「私は文系でプログラミングなんてやってきていない。いまさらプログラミング言語なんて……」と思うかもしれないが、恐れる必要はない。

プログラミングとは、コンピューターにやらせたいことを順序立てて箇条書きに書き出すだけである。日々、行っている業務を、コンピューターにわかる言語で箇条書きにすればそれでOK。重要なのは、「業務をどれだけ簡素に表現できるか」ということである。

つまり、**業務に精通しているベテランビジネスパーソンこそ、よきプログラマーになれる素質を持っている**、と言えるのだ。

「IT化によって要らなくなる仕事」は、正確に表現すれば「IT化によって自動システムに置き換わる仕事」である。業務に精通し、業務を簡素に表現できれば、あなたはプログラミングでその自動システムを構築する側になれる。

つまり、現在「IT化によって要らなくなる仕事」に携わっていても、プログラミングを知っていればあなたは生き残れることになるのだ。


本書は、プログラミングの予備知識ゼロの人が、プログラミングの世界に一歩踏み出すためのものである。入門のための入門書といってもいい。

したがって本書は、「わかりにくい正確さ」を追求するより、わかりやすいことに軸足を置いている。精緻を追求した表現で混乱することを避け、あえて単純な表現にしている個所も多い。

そのため本書では、プログラミング画面（図版）の文字や記号はプログラミングのルール通り正確な表記をしているが、本文中では見やすさ、読みやすさを考慮して必ずしも厳密な表記にしていない（例えば「〝」の全角、半角など）。わかりやすさ重視、それが本書の「マイルール」である。

第1章

そもそもプログラミングとは何なのか？

Alt ＋ F11 キーでプログラミングの世界が広がる

パソコンにはキーボードの最上段に、F1からF12までのファンクションキーが並んでいる。恐らくほとんどの人が使っていないキーだろう。

ウィンドウズを使っている人は、日本語ワードプロセッサーは「ワード」を使っているはずだ。ワードを開いて、Altと同時にF11キーを押すと、普段見慣れない画面が表れる。この画面がプログラミングの画面だ。

試みに、F7キーを押して、次ページの上図と同じ文字列を打ち込んでみてもらいたい。ワードプロセッサーのソフトウェアである「ワード」は、あなたが書いたプログラムを読み込み、忠実に実行に移す。あなたが生まれてはじめた書いたプログラムであっても、コンピューターにとっては立派なプログラムなのである。

もし、動かなければ、どこかに写し間違いがあるのだ。

プログラムは誰が、どんな目的で書いても、また何を書いても、プログラミングの約束ごとにかなったものであればコンピューターはその指示に従おうとする。

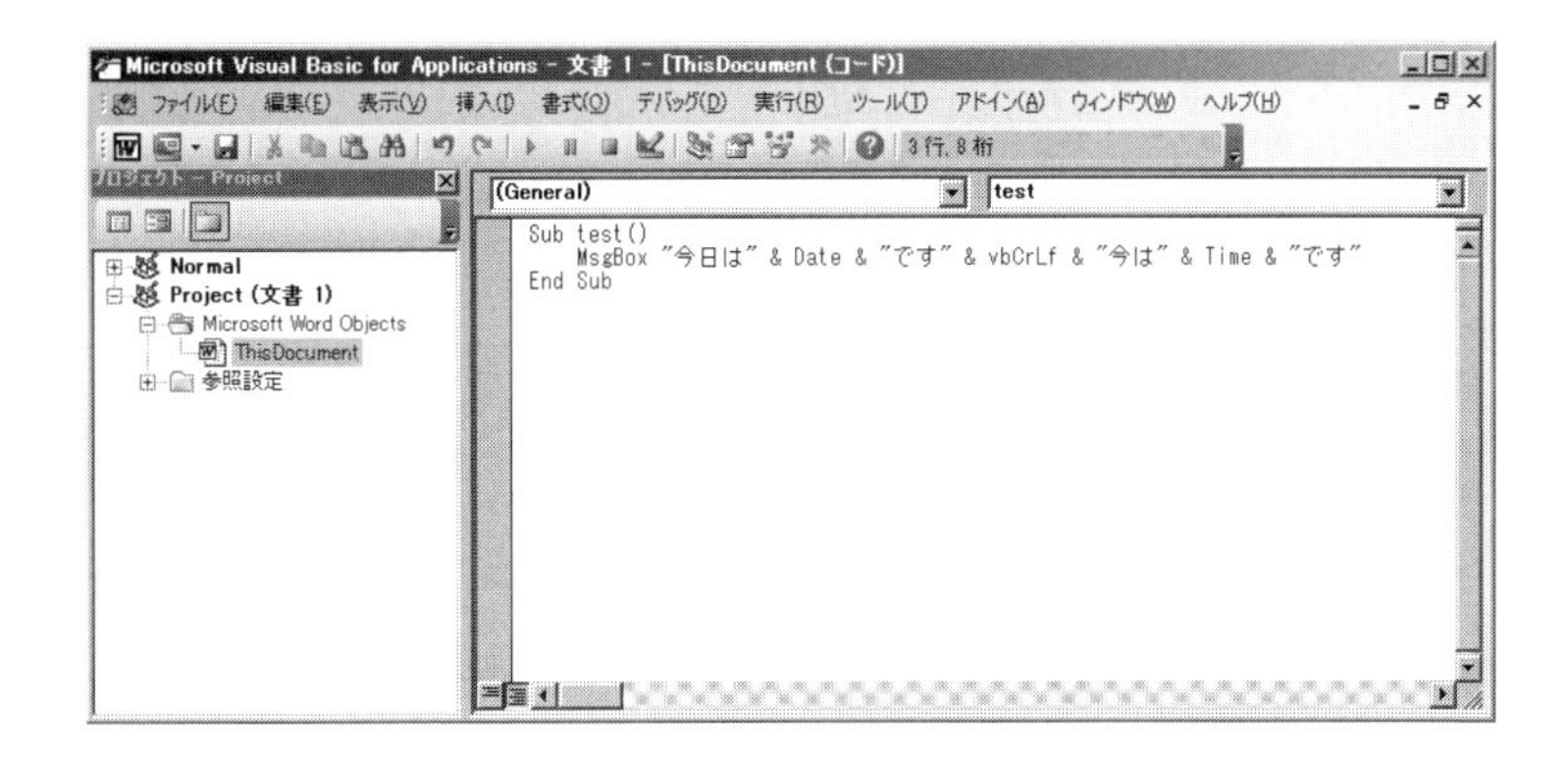
Microsoft Visual Basic for Applications - 文書 1 - [ThisDocument (コード)]
ファイル(F) 編集(E) 表示(V) 挿入(I) 書式(O) デバッグ(D) 実行(R) ツール(T) アドイン(A) ウィンドウ(W) ヘルプ(H)
3 行, 8 桁
(General)
test
Normal
Project (文書 1)
Microsoft Word Objects
ThisDocument
参照設定
Sub test()
MsgBox "今日は" & Date & "です" & vbCrLf & "今は" & Time & "です"
End Sub

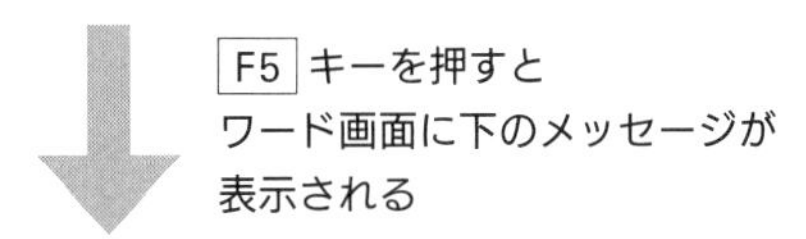
F5 キーを押すと
ワード画面に下のメッセージが
表示される

Microsoft Word
今日は2017/09/25です
今は16:13:22です
OK

さて、プログラミングの結果はどうであったろうか。

恐らく100人中100人が同じ結果を出せたことと思う。前ページで挙げた例は極めて単純なものだが、プログラミングには違いない。より複雑なプログラムも、この単純なプログラミングの積み重ねでできているのである。

そこに少しテクニックを加えていけば、もう立派なプログラミング上級者となれる。

一流のプログラマーになることなど考えていない読者にとっても、プログラミングとはいかなるものかがわかることは、今後のIT社会で生きていく上で大いに役に立つ。

ただ、いろいろと障害になることはある。それぞれは小さなことなのだが、日常的にはめったに目にすることのないことばかりなので、どうしても戸惑いがあるし、抵抗感も覚える。

プログラミングは一歩ずつ着実に

たとえば、ワードの場合にはAlt+F11キーを押すことで、プログラミングの画面を開くことができるが、別のソフトウェアでは別の操作が必要となる。

「オープン・セサミ!」は「アリババと40人の盗賊」では有効だが、「オープン・セサミ！」で「天岩戸」は開かない。

プログラミング言語も同様で、ソフトウェアの構成ごとにふるまいが少しずつ異なる。プログラミング言語の「文法」には大きな違いはないが、同じ文字でもプログラミング言語によって意味が違ってくるものがある。これがプログラミングをややこしいものにしているところがある。

プログラミング言語は、暗号や符丁、記号に近いもので、暗号、符丁、記号は見慣れている者にとってはおおよその見当がつくが、素人にはさっぱりわからない。

しかし、それほど複雑なものではないので、「暗号帳（各開発者が公開しているプログラミング言語の意味）」と突き合わせながらプログラミングをしていけばなんとかなるものだ。

本章の章末に主要ソフトウェアごとのプログラミング言語の表を掲載したので参照していただきたい。

プログラミングも、語学も、一足飛びにマスターすることはできない。しかし、プログラミングは、語学よりはるかに覚えることが少なくて済む。

まず肩の力を抜いて、さあ、プログラミングの世界に一歩を踏み出そう。

プログラムがないとコンピューターはどうなるのか

序章で述べたとおり、コンピューターはプログラムがなければ動かない。いわゆるPC（パーソナルコンピューター）もそうであるし、スマホもそうだ。ガラケーといえどもプログラムなしでは動かない。車のナビゲーションシステムも、自動運転（運転サポート）システムもプログラムがあってはじめて動く。

テレビの録画ひとつとっても、プログラムがあるから予約録画も再生も可能となる。

現代のビジネスパーソンでプログラムという言葉を聞いたことがない人はいないだろう。だが、プログラムは裏で動いているもので、表に出てくるものではないから、ほとんどの人は実際にプログラムを目にする機会がない。

では、プログラミングとは何なのか？　まずこの点を再確認しておきたい。

プログラムを組み立てる作業をプログラミングという。

ビジネスパーソンには「指示待ち族」といわれる、自ら主体的に動こうとしないタイプの人たちがいる。コンピューターも、これら指示待ち族と同様、何らかの指示を与えない限り、自ら動きだすことはない。プログラミングとは、コンピューターに対する「どう動くか」の指示である。

コンピューターが人間の指示待ち族と異なるのは、指示さえ正しく与えれば、必ず指示どおりに動き、結果を出すという点だ。

もうひとつ違いがある。

コンピューターには「はずだ」「だろう」は通じない。相手が人間であれば、新入社員でも言わなくてもわかることがあるはずだが、コンピューターにはそれがないのだ。

コンピューターはプログラミングしていないことは実行しない。言ったことを言ったとおりにしかやらないのがコンピューターなのである。

プログラムに不備があればコンピューターは動けない

新入社員に新宿から渋谷へお使いを頼むときは、訪問先の会社名と大まかな場所、それと担当者の名前を教える程度だろう。

しかし、コンピューターはそういうわけにはいかない。

電車で行くか、車で行くかを定め、電車ならどこの駅のどの改札を通り、何番ホームから何行きの電車に乗るかを指示し、どこの駅で降りて、さらに徒歩の道順を教え、先方の会社に着いたら何階へ、どうやって昇るかまで指示をしないと動いてくれない。

これらの指示を与える作業が、すなわちプログラミングである。だが、この程度の指示では、おそらく目的を果たすことはできないだろう。

相手が人なら、途中で迷ったらそこで「誰かに聞けばよいだろう」、新宿から渋谷までどの路線で行くのがよいかくらいは「自分で判断できるはずだ」という前提で指示を出すことができるが、コンピューターを相手にそれはできないのだ。

コンピューターはプログラミングしなければ動かない道具だが、正しくプログラミングしない場合も動かない。「だろう」「はずだ」では動かないのがコンピューターである。

したがって、プログラミングが正しいかどうかは、コンピューターに実行命令を出してみれば直ちにわかる。コンピューターはプログラミングどおりにしか動かない。もし、コンピューターが動かなければ、それはプログラミングに誤りがあるのだ。

よく「コンピューターが動かなくなった」という人がいるが、機械的故障でなければ、正しくはコンピューターは「動かない」のではない。

コンピューターとしてはプログラミングしたとおりに動きたいのだが、プログラミングに不備や誤りがあるため（あるいはメカニック上のトラブルで）動きたくても「動けない」のだ。

コンピューターは指示された作業を、指示された手順どおりに実行する。人間のように自己都合で手抜きや省略をすることはない。

そのため、プログラム自体に不必要な手順の設定があったり、余計なところまで行ったり来たりする作業を指示していると、いかにスピードを誇るコンピューターといえども動きが遅くなる。そしてときに止まる。

コンピューターのメカニック上のトラブルも環境によっては少なくないが、それ以上にトラブルの原因となるのがプログラムの欠陥である。

この後の章で具体的なプログラムの例を紹介しているが、もし、そのプログラムでコンピューターが予定どおりに動かなければ、どこかに誤りがあるのだ。


コンピューターに与える一つひとつの指示はシンプルなものだ。

プログラミングとは、シンプルな指示を落ち度なく積み重ねる作業である。しかし、その指示の量は膨大である。新宿から渋谷に着くまでの間に指示しなくてならないことは、ここに書いたことほど少なくはない。

新宿から渋谷に向かう間、もし、電車が止まっていたら、あるいは訪問先に向かう道が通行止めになっていたら、と予定外の状況に遭遇する可能性がある。そのときに、そのままそこでお地蔵さんのように固まってしまっては目的は果たせない。

いま、われわれがプログラミングと呼んでいる作業は、進行途中の状況の変化も十分に織り込んで、その対応も含めた指示をすることをいう。

新入社員が、道が通行止めになっていたからといって、その場で引き返すことが許されないように、状況の変化があったとしても、コンピューターに立ち往生は許されない。もしコンピューターが止まってしまえば、それはプログラミングの不備とされ、プログラマーの評価に影響する。

今日、ネット通販の拡大によって個人向けの配達量が増え、ドライバーの労働環境が社会問題になっている。そこで導入を真剣に検討されているのが「ドローン（小型軽量の無人飛行機）」による配達だ。

プログラムの指示の構造の概念図

プログラミング
した指示

・1つ目の突き当たりで右へ
・2つ目の突き当たりで左へ
・3つ目の突き当たりで右へ

右へ
GOAL
右へ
左へ
START

GOAL
通行止めで
立ち往生？
工事中
迂回路
右へ
左へ
START

ドローンによる配達とは、人が無線操縦でドローンを飛ばすことを目指しているのではない。あらかじめ往復の空路と適切な着地点の条件を定めたプログラムによる無人の配達を実現しようとしているのである。

新宿から渋谷へのお使いは、近い将来、ドローンによって現実に起きると想定されていることなのである。

家電の性能もプログラミング次第

指示すべきことは膨大な量であっても、それを可能な限りシンプルにまとめ、目論見どおりにコンピューターを動かすのがプログラマーの腕である。シンプルであることがエクセレントなのは、物理学やデザインの世界と同じだ。

プログラミングには約束ごとがある。その約束ごとを上手に組み合わせ、膨大な量の指示をコンパクトにまとめるのがプログラミングのスキルである。**指示の量が膨大なわりに、プログラムの行数は少ない、というのが腕のよいプログラマーの証明なのである。**

プログラミングがシンプルであればあるほど、プログラマーはデバッグ（間違い探し）しやすい。バグを発見しやすいことにつながり、コンピューターも余計な作業をせずに済むので誤作動（指示なく止まることも誤作動の一つ）などのトラブルがなくなる。

よく家電品には当たり外れがあるといわれる。

多くの部品の集合体である機械製品は、部品のわずかな品質の差で性能や耐久性に違いが出ることがある。しかし、家電の当たり外れは生産技術ばかりが原因とは限らない。プログラミングの優劣が影響していることも意外に多いのである。

現代の家電品で、プログラムなしに動いているものは極めて少ない。家電品のプログラムは、機械のスペックが同じであれば同じだと思うが、使われる場所の環境（寒冷地・温暖地、高度など）によって若干の違いがある。

まったく同じプログラムを搭載するのであればコピペで済むが、わずかでも違いがあればそのためのプログラミングが必要となる。そこで、複数のプログラマーが登場することになる。人が異なればプログラミングの技術も異なる。

その結果、プログラミングのスキルの高いプログラマーが担当した機械は不具合（多くの場合、作動不良、停止）を起こさず、スキルの低いプログラマーが担当した機械は不具合が多いということになる。

プログラミングは家電品の品質にも大きく影響するのである。

ここまでのまとめ

○コンピューターはプログラムがないと動かない。
○プログラムに「だろう」「はずだ」はあり得ない。
○プログラムの品質はプログラミングのスキルによって決まる。

AIだってプログラムで動いている

AIがチェスや将棋のプロに勝つたびに、世間の注目はAIに集まり、その進歩の速さに驚かされる。

AIは日本語では「人工知能」である。人工知能というと、SFの世界では「2001年宇宙の旅」（スタンリー・キューブリック監督）に出てくる「HAL9000」が有名だ。

近年のSF映画では人工知能は欠かせない。

そのためか、人工知能というと、自ら考え、想像し、ときに人間に危害を加える、極めて人に近いものという印象がある。

だが、ＡＩ（人工知能）といっても、大きく分けて２つある。

ひとつは、「ＨＡＬ９０００」や「ドラえもん」、「鉄腕アトム」のような、われわれのイメージするＳＦの世界の人工知能で、これは「汎用人工知能」といわれている。

ただし、こちらの分野はまだまだ発展途上であり、現実になるまでには相当な年月を要すると見られている。依然として空想科学（ＳＦ）の世界なのである。

もうひとつは、人間が頭を使って行っている作業や業務を自動化する機能のことだ。こちらは「特化型人工知能」と呼ばれている。現在のＡＩ研究では、特化型人工知能の機能の発展・強化を目指すほうが圧倒的に多い。

チェスや将棋のチャンピオンがＡＩに敗北していることを考えると、特化型人工知能の分野ではすでに人間を凌駕しているようにさえ見える。

特化型人工知能とは、そもそも頭がいい上に、様々な経験を短時間で同時に積ませることができる子供のようなものだ。その子供の扱い方さえ知っていれば、私たちのような素人でも、熟練のプロが行うようなことができるようになるのである。

しかし、特化型人工知能はコンピューターである。コンピューターである以上、人工知能といえども勝手に考えて、勝手に行動しているわけではない。プログラミングした指示を超える行動をコンピューターがとることはない。

人工知能（ＡＩ）もまた、プログラムによって動いているのだ。

プログラムで動いている以上は、プログラムにないこと、つまり言われていないことまでは実行できない。プログラミングした人間が想定していないことに対してまでは、適切に対応することはできないはずだ。

ビッグデータとＡＩ

ＡＩが搭載しているプログラムと、一般的なコンピューターのプログラムに質的な違いがあるわけではない。

ＡＩのプログラミングも、この本で紹介しているプログラミングの事例と同じ手続きで作られている。つまり、ＡＩもまた指示の積み重ねによって動いているのである。将棋のＡＩも、チェスのＡＩも同じ原理である。

また、ビッグデータを解析し、社会の姿を浮き彫りにするＡＩも、プログラミングの仕組みに変わったところがあるわけではない。

ビッグデータとは、実は２０００年代から使われている言葉である。

現代のサイバー空間には、携帯電話の操作や通話履歴から、誰が、いつ、どこで、何をしようとしているのかという情報や、インターネットでの物の購入履歴による個人の趣味の情報、どんな本を読んでいるのかという嗜好の情報まで様々な情報が保存されている。

これら「点」としてサイバー空間に存在している途方もない量の情報を、「線」として結びつけ分析することにより、ビッグデータは情報としての付加価値が上がったのである。

その分析を担っているのがＡＩだ。

あるタクシー会社では、携帯電話会社が提供する情報とＡＩを組み合わせ、タクシーに乗りたいと思っている客が、いつ、どこに多いかを分析してビジネスに結びつけている。

携帯電話会社は、何歳くらいの人がどの辺に多いという情報や、何を検索しているのかという情報を提供する。

AIとビッグデータの概念図

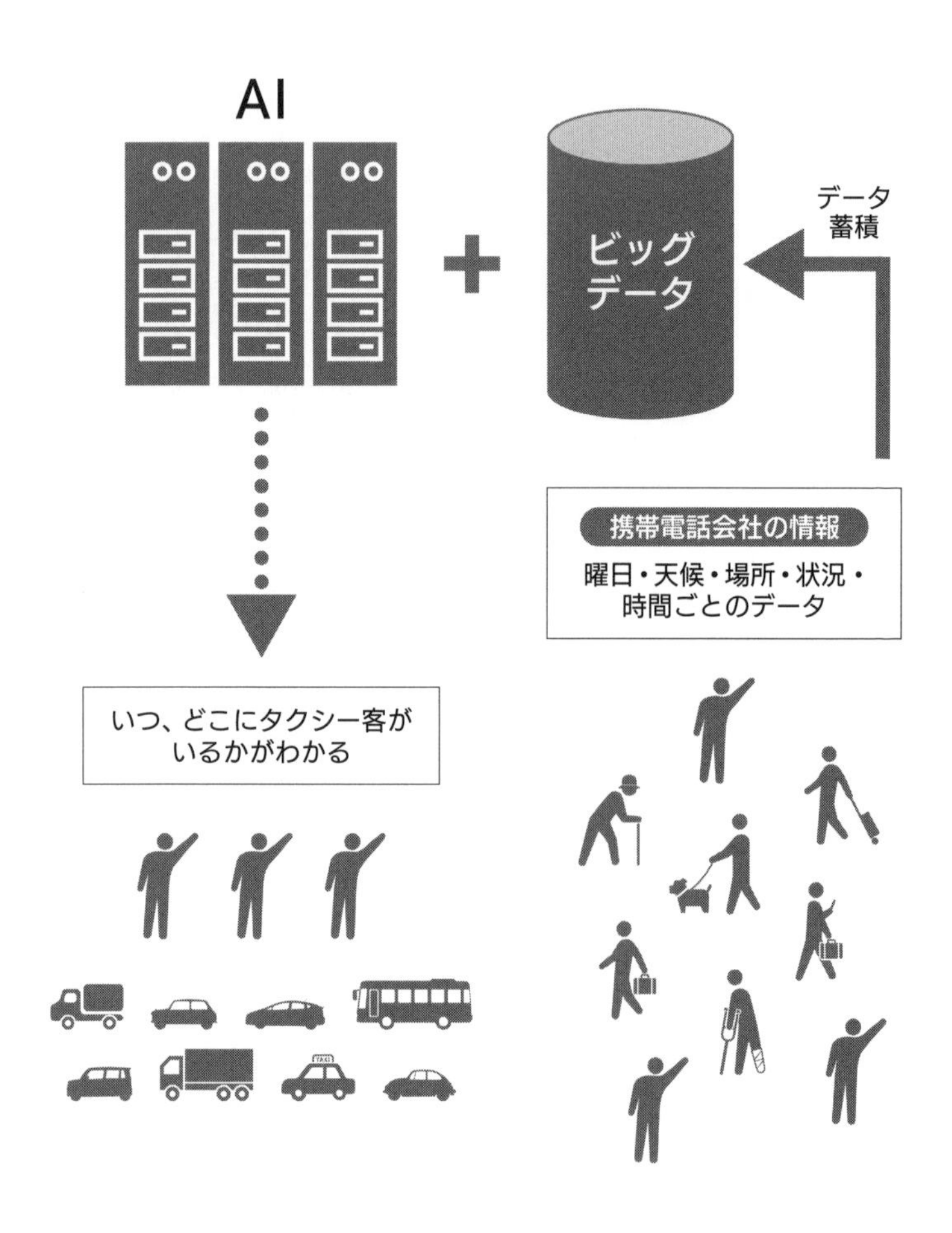

そして、その日の天気や交通状況などを考慮し、どの場所にタクシーを利用したいと考えている人が多いかを分析してしまう。そして、分析した情報は日々更新されて精度がアップしていく。

これまでなら熟練ドライバーの直観的な経験則でしかわからなかった「だいたいこの日のこの時間はこの辺に客が多い」という情報が、初心者にも共有されることになるわけだ。このビッグデータはタクシー会社にとって大きな価値のある情報といえる。

プログラミングが膨大な情報を操るカギ

AIはプログラミングの積み上げである。

誰もが膨大な量の情報にアクセスすることができれば、AIは他人事ではなくなる。これからサイバー空間にストックされた情報にアクセスできるのは、限られた人々だけではなくなる。プログラミングをマスターするということは、AIをわが物にすることでもあるのだ。

コンピューターは、これまでのクライアント／サーバー型から第3世代プラットホームへと変化している。

サイバー空間
ソフトウェア
ソフトウェア
ソフトウェア
ソフトウェア
ソフトウェア
ソフトウェア
ソフトウェア
ソフトウェア
ソフトウェア
スマホ、パソコンユーザーはサイバー空間に貯えられたソフトウェアを利用できる
新しくつくられたソフトウェアが蓄積される

モバイルによって、誰もがいくつもの端末機器を持ち、24時間いつでも必要な時に必要なだけ利用できるようになった。

この第3世代のプラットホームは、ソフトウェアを作れば作るほど蓄積され、拡大していく。また、同じ機能のソフトウェアが厳しい競争で進化していき、品質と生産性をさらに高めるのである。

ここで作成されるソフトウェアはクラウド上に構築され、サービスそのものを提供している。つまり、作らなくてもそのまま使えるサービスが、この第3世代ソフトウェア環境に構築されているわけである。

ソフトウェアを動かすのもプログラムだ。

サイバー空間にあるのはデータだけではない。こうした他人が作ったソフトウェアも利用可能となれば、可能性は文字どおり無限に広がる。

エコシステムの可能性

エコシステムに関心が集まっている。

クラウドによりソフトウェア同士の連携やビジネスの連携も簡単になり、ソフトウェア環境を提供する企業と、それを活用してビジネスを展開する企業が共存するのがエコシステムだ。

エコシステムとは「生態系」を意味する。

ビジネスにおいては、複数の企業が協調して、協業できる企業全体で収益構造を維持しながらお互いのビジネスを発展させていこうという考え方である。

リアルな企業現場では、共同仕入れ、共同配送、共同開発などという形でお互いに補完し合って利益追求をする仕組みがあったが、エコシステムでは、その範囲も規模も、業種も業域も大幅に拡大される。

エコシステムの実例企業としては、アップルやUber（ウーバー）がある。

エコシステムの仕組み

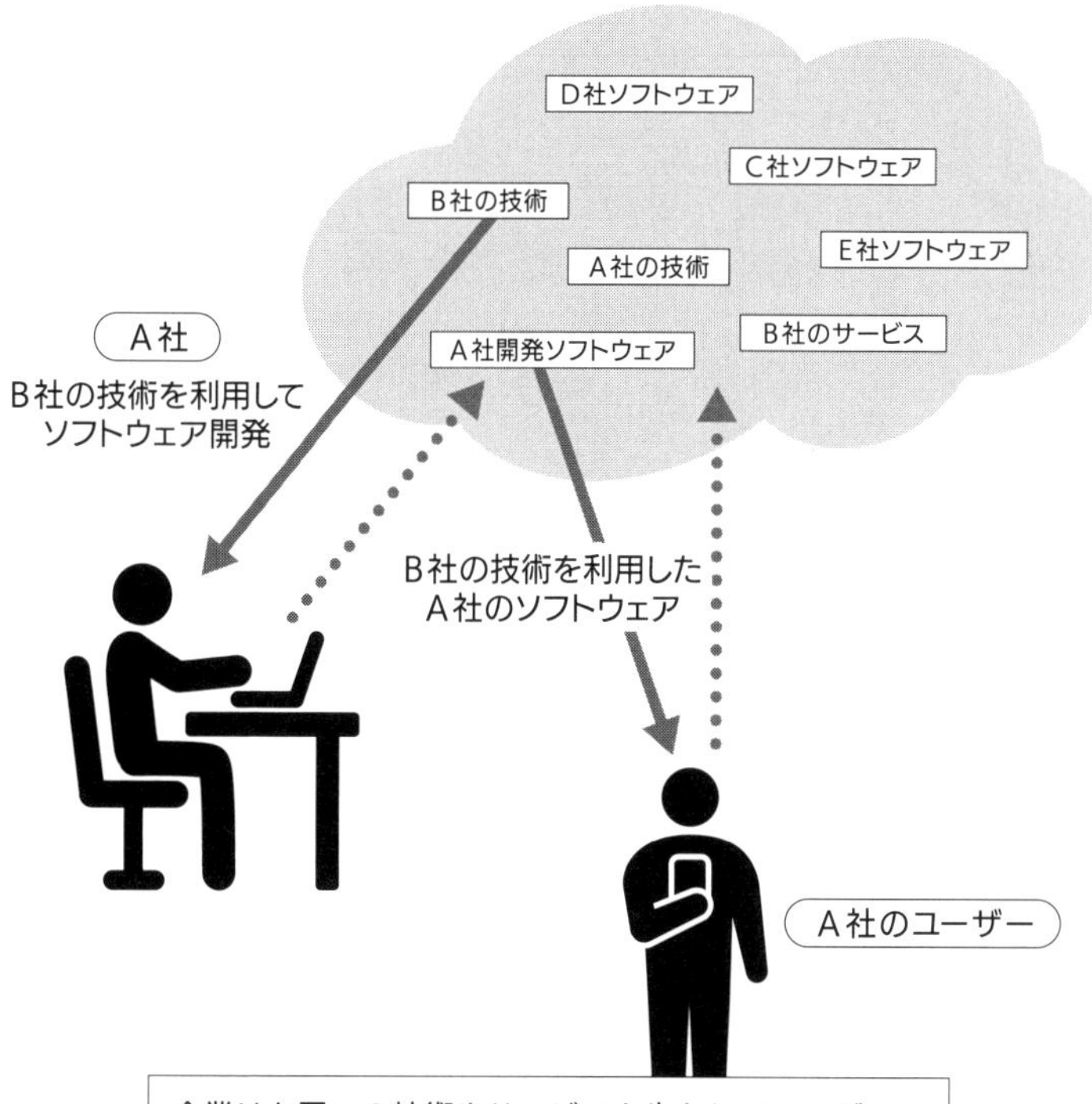

企業はお互いの技術やサービスを生かしてユーザーに提供できる。A社のユーザーは利用しているA社のサービスが向上するため、より便利になる。

アップルのエコシステムは、iPhone、iPad、MacBook、Apple TVなどで展開されている。iTunesでは、アップル社以外の企業が提供するアプリや楽曲、映画なども組み合わせてサービスが提供されている。

スマホアプリを使ったタクシー配車サービスを世界で展開しているUber（ウーバー）は、運転手もいないし、自動車も持っていない会社だ。

Uberは自動車を持っている個人が空き時間を利用して、タクシーを必要とする人を運ぶ仲介役を務めている。スマホを使って、自動車オーナーとタクシー利用者を結び付けているのだ。

タクシー利用者はその日、その時間に最寄りにいる車をタクシーとして利用できるし、ドライバーのほうは空き時間を利用して収入を得ることができる。日本でUberが認められるのは、タクシー会社と公共交通機関の空白地帯のみのため、爆発的普及に至っていないが、諸外国ではエコシステムとそれを実現するスマホアプリがUberの成長を支えている。

こうしたエコシステムは、スマホやモバイルのアプリなしでは考えられない。

そして、スマホやモバイルのアプリもまた、プログラムである。

ビジネスはプログラムを知ることによって大きく可能性が開かれる。想像力とITリテラシー、それにプログラミングの知識があれば、チャンスは無限である。

コンピューターはプログラムをどうやって読んでいるのか

プログラミングには基本構造とプログラミング言語がある。

プログラミングの基本構造は共通だが、プログラミング言語はそれぞれのソフトウェア環境によって少しずつ異なる。そのためプログラミングは、ソフトウェア環境に応じたプログラミング言語で書かないとコンピューターは読んでくれない。

すべてのプログラミング言語のわかるソフトウェア環境は、いまのところまだない。したがって、ワードのプログラミングはワード用のプログラミング言語で、スマホのプログラミングはスマホ用のプログラミング言語でプログラミングする必要がある。

プログラミング言語とは、日本人には日本語で、アメリカ人には英語で、フランス人にはフランス語で話しかけるようなものだ。

だが、実際のプログラミング言語は各国語ほど複雑ではない。むしろ方言に近く、ひとつのプログラミング言語を習得すれば、他の言語もだいたい使えるようになる。基本的な構造が共通だからである。

コンピューターがプログラムを読む構造概念図

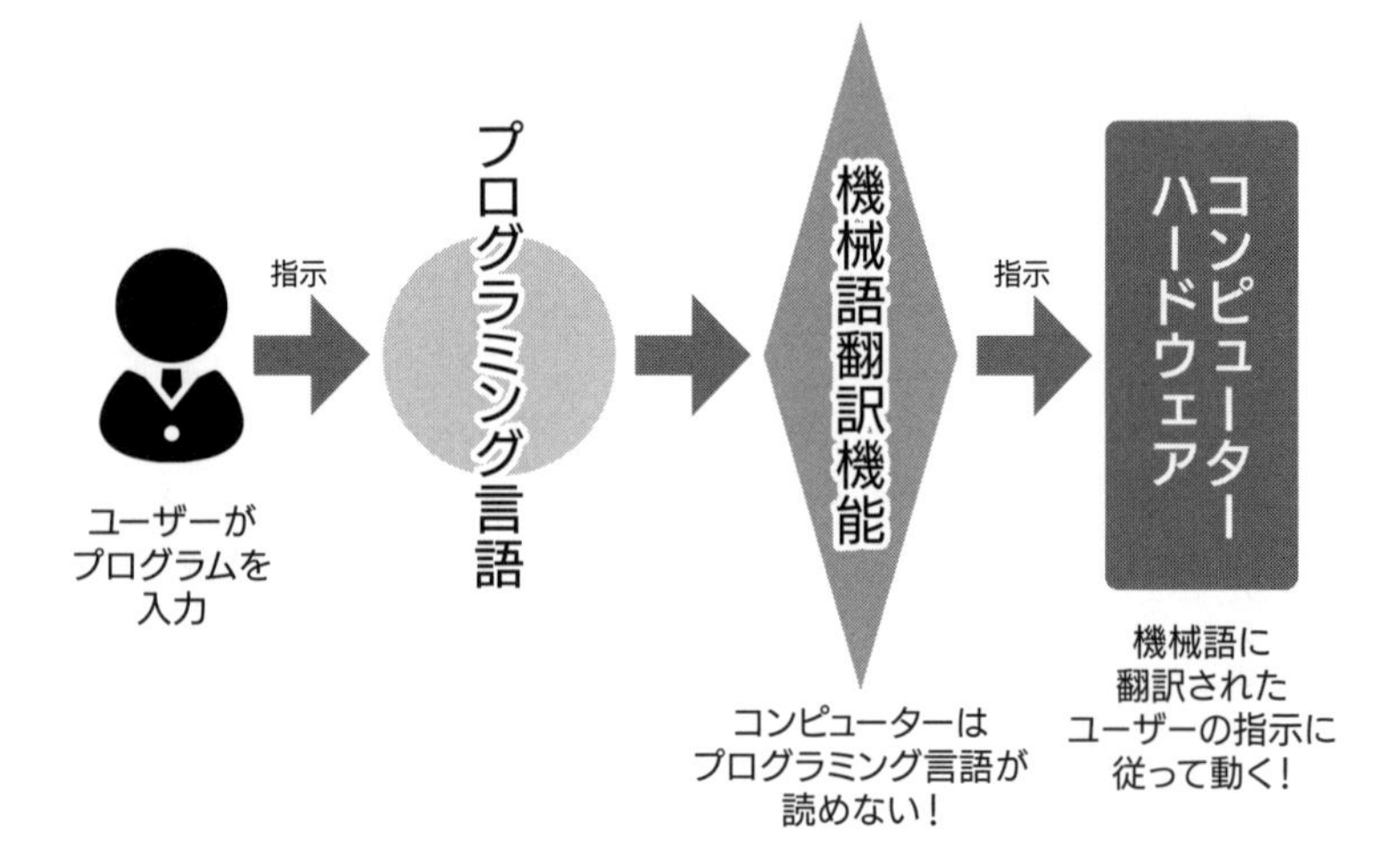

では、コンピューターはどのようにしてプログラミング言語を読んでいるのだろうか。結論から言うと、コンピューターが直接プログラミング言語を読んでいるわけではない。

コンピューターの中では、プログラミング言語を「機械語」に翻訳する機能が働いている。

プログラミング言語がコンピューターに語りかけることができるのは、間を取り持つソフトウェアが翻訳・中継しているからだ。

プログラムはソフトウェアを動かすことができるが、ソフトウェアを動かすためにはハードウェア（機械）にも指示が伝わらなくてはならない。

プログラミング言語によってプログラミングされた指示は、通訳してくれるソフトウェアによって機械語に翻訳され、ハードウェアに伝わる。機械語とは、2進法による0と1（ONとOFF）の組み合わせだ。

実際、大昔のコンピューターの技術者は、2進法でプログラムを組んでいたことがあったらしい。その時代の技術者たちのことを考えれば、プログラミングの作業はずいぶんと簡単になったと言えよう。

プログラミング言語とは、コンピューターを動かすための機械語に翻訳する前の言葉である。ソフトウェアはプログラミング言語を機械語に翻訳できるが、日本語は機械語に翻訳できないのだ。

コンピューターウィルスの正体はプログラム

いまさら言うまでもないかもしれないが、時おり世間を騒がすコンピューターウィルスの正体もプログラムである。2017年の春に騒ぎになった「ランサムウェア（身代金要求型のコンピューターウィルス）」もそうだ。

ウィルスであれ、正当なプログラムであれ、プログラムとして支障なく作られていれば、その目的にかかわらず、プログラムはソフトウェアを動かす。ソフトウェアがオペレーティングシステム（OS）であれ、アプリケーションソフトであれ同様だ。

コンピューターはプログラムという指示がなければ動くに動けないが、逆にプログラムがあればそのとおりに動かざるを得ない。プログラムを作ったのが誰かはコンピューターには関係ない。

コンピューターウィルスがコンピューターに感染する仕組み

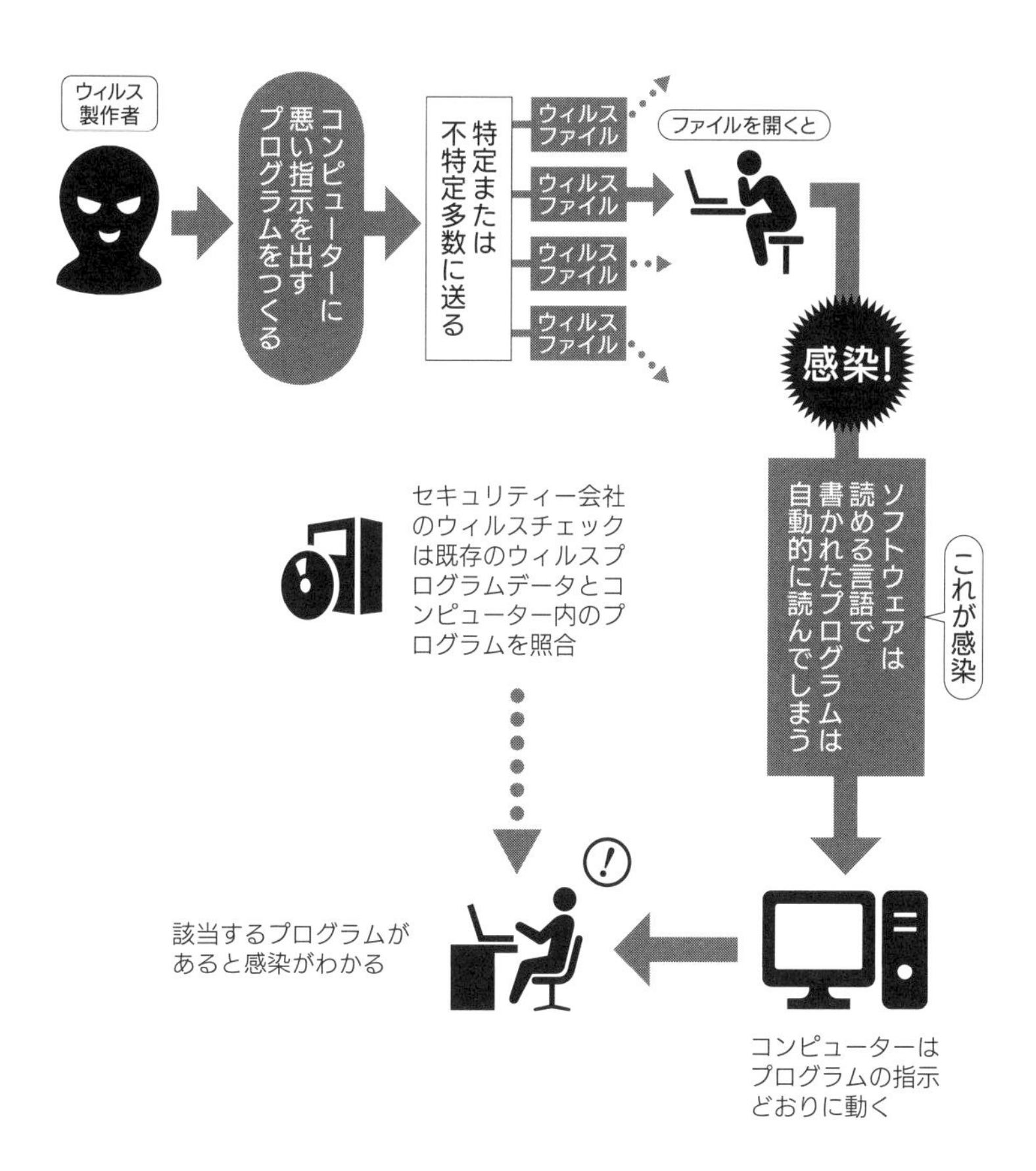

ウィルスの正体＝他人のコンピューターを勝手にプログラミングすること

誰の命令であっても、プログラムとしての条件を備えていれば、その指示に従って動くのがコンピューターである。人間の体ではウィルスに対する免疫や耐性がつくられるが、コンピューターにウィルス（プログラム）を拒否する力はない。

唯一の対策はウィルスプログラムを読まないようにすることだけだ。

ウィルスはプログラムである以上、コンピューターはプログラムを読めばその指示に従って動く。ということは、コンピューターが（この場合はOSかアプリケーションソフトが）プログラムを読まなければ、ウィルスは機能しない。

読めないウィルスには感染しない

OSやアプリケーションソフトにプログラムを読ませないための方法のひとつは、ウィルスをOSやアプリケーションソフトの「目に触れさせない」ことである。

メールの添付ファイルを開くことでウィルスに感染するケースは多いが、この種のウィルス対策は添付ファイルを開く前に隔離することである。隔離してしまえばソフトウェアとの接触を絶つことができる。

もうひとつ、ウィルスのプログラムを読めないソフトを使うという手もある。

先述したとおり、プログラムはソフトウェア環境によって異なる。したがって、ウィンドウズには読めても、マックには読めない。ウィンドウズを狙ったウィルスは、マックには感染しないと思っていいだろう。

マックOSで動いているコンピューターは、いくら添付ファイルを開いても、正体不明のURLをクリックしても、ウィンドウズをねらったプログラムではソフトウェア環境が違うためウィルス感染は起こらない。

鳥には致命的なウィルスも、人には無害なこともある。ウィルスといえども万能ではないのだ。自然のウィルスはたまに変異を起こして人にも有害になることがあるが、コンピューターウィルスが勝手に変異を起こすことはない。

ウィルスの正体はプログラムである。

したがって、コンピューターウィルス用のワクチンといっても、実際にプログラムを攻撃したり破壊することはしない。コンピューターにはプログラムを攻撃する機能も、破壊する機能もない。またその必要もない。無用なプログラムは廃棄すればいいだけである。

ただし、いったんウィルスに感染した場合、コンピューターはウィルスプログラムの指示を受け取って動いているので、コンピューターに搭載しているソフトウェア全体に影響が及んでいることもある。

今日のコンピューターは、ネットワークにつながっていなければ役に立たない。ネットワークにつながっている以上、ウィルスの侵入を防ぐのは困難だ。自分自身とコンピューターの防衛のためにも、プログラミングは必要な基礎知識なのである。

プログラミングの約束ごと

正体不明の相手から送られてきたウィルスプログラムでさえ、コンピューターを動かせてしまうのであれば、正当なコンピューターのオーナーの手で作られたプログラムでコンピューターが動かないはずがない、と考えてよいだろう。

ウィルスにできることが、人間にできないはずはないのである。

コンピューターは、要件を満たしているプログラムであれば、どんなプログラムであろうと読む。では、プログラムの要件とは何か。

それがすなわちプログラミングの約束ごと、ルールである。そのルールさえ守られていれば、コンピューターはウィルスプログラムでもなんでも読んで、その指示に従って動くのだ。

プログラミングの約束ごとといっても、実はそうたくさんあるわけではない。

①使えるプログラミング言語はコンピューターの環境による。

②3つの基本構造を守って書く。

③「変数」「関数」「演算子」を使う。

大きく言えば、この3つの約束ごとを守ればよいのである。
①②だけでもプログラミングできないことはないが、作業が大変なので、③を合わせて活用することでプログラミングは楽になる。
①については、本章ですでに何度も述べたとおりだ。プログラミング言語はコンピューターの環境によって決まっている。章末のソフトウェア環境と言語の対照表にその一例を紹介しているので参照してほしい。
本書ですべてのプログラミング言語の詳細を記すことはできないが、プログラミング言語は各ソフトウェアメーカーが詳しく公開している。公開していないソフトウェアは、メーカーがユーザーによるプログラミングを望んでいないということだろう。

もっとも、メジャーなソフトウェアでは、ほぼ情報公開されている。これは、いわばプログラミング言語の辞書のようなものなので、オリジナルのプログラミングにチャレンジする方はそちらを参照していただくほうがよい。

②と③については、この後の章で詳述することになるが、概略どういうものか程度のことはイメージしておいてもらったほうがよいので、ここで簡単な説明をしておきたい。

まず②の「３つの基本構造」についてである。

プログラミングの3つの基本構造

３つの基本構造とは何か。それは「順次構造」、「選択構造」、「反復構造」のことだ。ウィルスプログラムも、ＡＩのプログラムも、プログラムである限りこの３つの構造でできている。３つの基本構造とは、コンピューターから見れば、プログラムの読み方の約束ごと、ルールである。

まず「順次構造」とは、簡単に言うと、コンピューターはプログラムを上から順に読んでいくということである。左のプログラミングの画面を見ればわかるとおり、プログラムはメ

プログラミング画面

```
Private Sub CommandButton1_Click()
    Dim strText As String
    Dim intRow  As Integer

    ' 変数 [strText] にテキストボックスの値を入れる
    strText = Me. TextBox1. Value

    If strText = "" Then
        MsgBox " 何も入力されていません。入力してください。"
        Exit Sub
    End If

    '1 行目から 10 行目まで繰り返す ( ループ処理 )
    For intRow = 1 To 10
        If ActiveSheet. Cells (intRow, 2). Value = "" Then
            ' セルに値が無ければ、テキストボックスの値をセルに出力
            ActiveSheet. Cells (intRow, 2). Value = strText
            Exit For
        Else
            If intRow = 10 Then
                '10 行目 ( 最後 ) のセルが入力済みの場合
                MsgBox "10 行目まで入力済みです。"
            End If
        End If
    Next intRow

    ' テキストボックスの中身を空欄にする
    Me. TextBox1. Value = ""

End Sub
```

反復構造

選択構造

順次構造

コンピューターはプログラムを上から下へ順番に読んでいく

モ帳やメールと同じようにテキスト形式で書かれている。コンピューターは横書きのプログラミングを上から下へ、一行ずつ順に読んでいく。この約束ごとを順次構造という。

プログラミングする人は、コンピューターにやってほしいことを上から順にプログラミング言語で書いていけば、プログラムは出来上がる。

先ほど新宿から渋谷にお使いに行く新入社員の例を取り上げたが、会社から新宿駅に行き、どういう手順で切符を買い、何番ホームから電車に乗り、どこで降りて、どういう道順で行くかという手順が順次構造である。

コンピューターは、プログラムに書いてある指示を上から下へと順番に実行するということがわかっていれば、順次構造はＯＫだ。

新宿から渋谷にお使いに行くとき、途中の道が通行止めになっていたらどうすればよいか、というのが2番目の「選択構造」である。

選択構造とは、「もし……だったら」というときの指示だ。

新宿から渋谷の訪問先へは、通常なら最短のルートを進む。しかし、その日に限って道の途中が通行止めになっていたら、別のルートを選択しなければならない。では、どの道を選択すべきか。コンピューターにはそこまで指示を与えておかなければいけない。

もし、渋谷駅から訪問先までの地図データをコンピューターが持っていれば、その中から通常のルートの次に近い道を選択するという選択構造で、プログラムを組むことになるだろう。


選択構造はチェスや将棋のＡＩで活躍する。

コンピューターが打つチェスや将棋は、ビッグデータといわれる膨大な棋譜をあらかじめ点数化し、局面において最も点数の高い一手を選択し駒を動かしている。

ＡＩは、コンピューターによる機械学習と計算機能が行われているだけであり、人間に代わる思考力を持っているわけではない。


選択構造は「if」というプログラミング言語で表記する。

ただ、「もし……だったら」というケースに対する指示を一つひとつ書いていくのでは大変な作業になる。

プログラミングでは、「もし、この道が通れなければ、次に最も近いルートをこの中から探せ」と地図データを照会するように指示をすることもできる。これができるからＡＩを身近に活用できるのだ。

反復構造はプログラミングの省エネ

プログラミングでは、同じ作業を何度か繰り返すことがある。その度に同じことをプログラミングするのも面倒な作業だ。しかも、同じことを繰り返す作業はコンピューターでは頻繁に発生する。

そこで、同じ作業の指示を何度も出さなくても済むように、プログラミングでは反復を指示する。そうしておけば、指示した回数だけその作業を反復させることができる。

これを「反復構造」という。

反復構造があることで、プログラミングする人は同じことを何度も書かずに済む。一度指示を書いたら、あとは何回それを反復するかを指示するだけでプログラムを完成させることができる。

プログラミングの手数を省くという点で、反復構造はプログラミングする人にとってありがたいルールだ。

プログラミングの３つの構造
順次構造、選択構造、反復構造のイメージ図

Ⅰ 順次構造

リンゴを1から5まで順番に並べるという仕事を
コンピューターにさせる

1 2 3 4 5

Ⅱ 選択構造

リンゴが5つまでの時は1から順に並べ、
6つ以上になったら上の段に並べるという仕事を
コンピューターにさせる

B
A

1 2 3 4 5

Ⅲ 反復構造

リンゴを5つ並べたら上の段に5つ並べるという仕事を
定められた回数繰り返すことを
コンピューターにさせる

F
E
D
C
B
A

プログラミングでは、この他にも小さなルールがたくさんある。

たとえば同じプログラミング言語で、「=」という記号は同じでも、使う場面に応じて「A=B」と書くときと「A==B」と書かないと意味がないときがある。それぞれのプログラミング言語で正しく書かないと、コンピューターは理解してくれない。

やはり、詳しくは各ソフトウェアメーカーの公開情報を見てもらうしかない。

変数、関数、演算子を使えればプログラミングの達人

プログラミングで最初に突き当たる壁が、「変数」「関数」「演算子」だろう。

変数、関数と出てきた瞬間に、文系人間はプログラミングをあきらめるかもしれない。だが、気が進まなくてもすこし我慢して読み進めてみれば、変数も関数も演算子も必ずしも想像していた難解な数学というイメージではないことがわかるはずだ。

いささか乱暴な表現をすれば、変数も関数も演算子も、格別に数学を知らなくても使える。文字だけでも変数、関数、演算子となることができるのだ。

文字だけでも使えるものであれば、文系の人にとっても取り付く島があろう。より具体的には第3章で実例とともに詳しく説明するが、ここでは基本的なイメージをつかんでほしい。

まず変数。変数というと何らかのパラメーターのような印象を受けるだろう。たとえば景気指数で、何かの数字が変動したら景気指数が1ポイント上がる、あるいは下がるといった変動要素のようだが、実はそうではない。

変数とは、レポートやあいさつ文の書式パターンをいろいろ収めたファイルのようなもので、春夏秋冬、冠婚葬祭など状況に応じて引っ張り出してこれるものだ。したがって、必ずしも数式である必要もない。

「変数」は、「変」わる「数」と記されるが、一時的に記憶できるものは数字だけではなく、文字や電話番号のハイフン「-」のような記号も扱うことができる。当然のことながら、英語や漢字や記号、さらに日付や画像のようなデータも可能だ。

このあたりが、数学や算数で習う「変数」とは異なる点であり、自由度が高く便利な点でもある。

変数は名前を自由に付けることができる。たとえば、変数名は「satou」でもいいし、

「friend」などでもよい。

サッカーには343とか352とか、数字で表すフォーメーションがある。この数字はピッチ上の選手の配置だけを意味するわけではない。それぞれの戦術や個々のプレイヤーの動き方も、この数字には込められている。

サッカー選手は、343とか352と言われれば、戦術や個々の動き方もわかる。

コンピューターも、いわば343とか352という変数名で複雑な動きを記憶しているので、いちいち動き方を指示しなくて済む。

ただし、サッカーの343、352は中身が一定だが、プログラミングの変数は頻繁に中身を置き換えることができる。置き換えてもコンピューターは混乱しない。

プログラミングでは、面倒な作業や難解なプログラムを変数としてコンピューターに記憶させておけば、いちいち手間をかけずともプログラミングを進めることができるのだ。変数には数という文字は付いているが、とくに数字とは関係がないのである。

むしろ、容器とその「ラベル」と言ったほうが実態に近い。しかも、容器の中身は必要に応じて取り替えることもできる便利グッズなのだ。

たとえば、月次の売り上げ数字やチームごとの業績は、毎月変化する。

プログラム上の変数名を「月次売り上げ」としておくことで、中身（数字）は毎月変化しても、プログラムでは毎月、直近の売り上げ数字が反映されることになるのである。

関数はそれだけでもプログラム

関数といえば、エクセルの関数がおなじみだろう。関数はプログラムを構成する要素であるが、関数だけでもプログラムとなる。

プログラムであるということは、関数は、ソフトウェアが読んでコンピューターが動くということだ。事実、エクセルは関数によってさまざまな表計算をこなす。

では、関数とは何かということになると、これも必ずしも数式とは限らない。

関数は確かに、算数や数学で習った関数と似たところがある。数学の「y = f(x)」という数式の場合、関数 f は x を変換し、y という結果を導き出す。プログラミングにおける関数も、受け取った値やデータを変換して結果を返すことが基本となる。といっても、それは数字だけではない。

たとえば、翻訳をしてくれる関数があるとする。

変数・関数・演算子のイメージ図

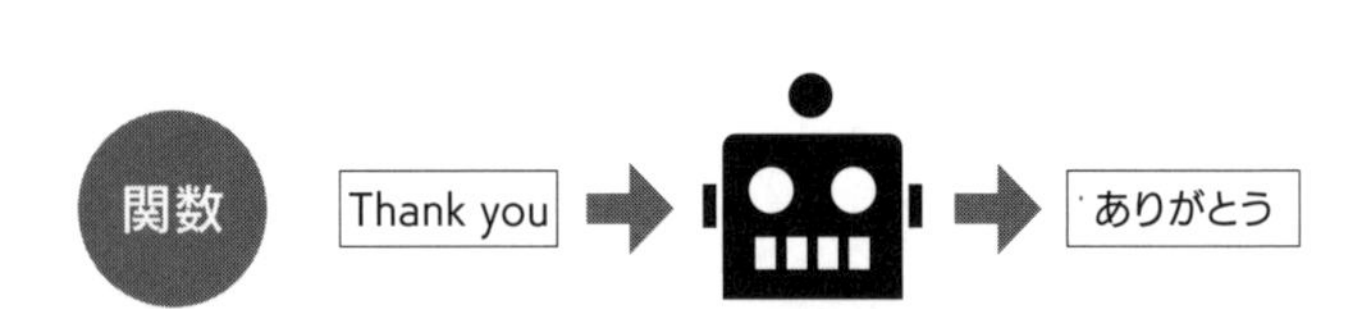

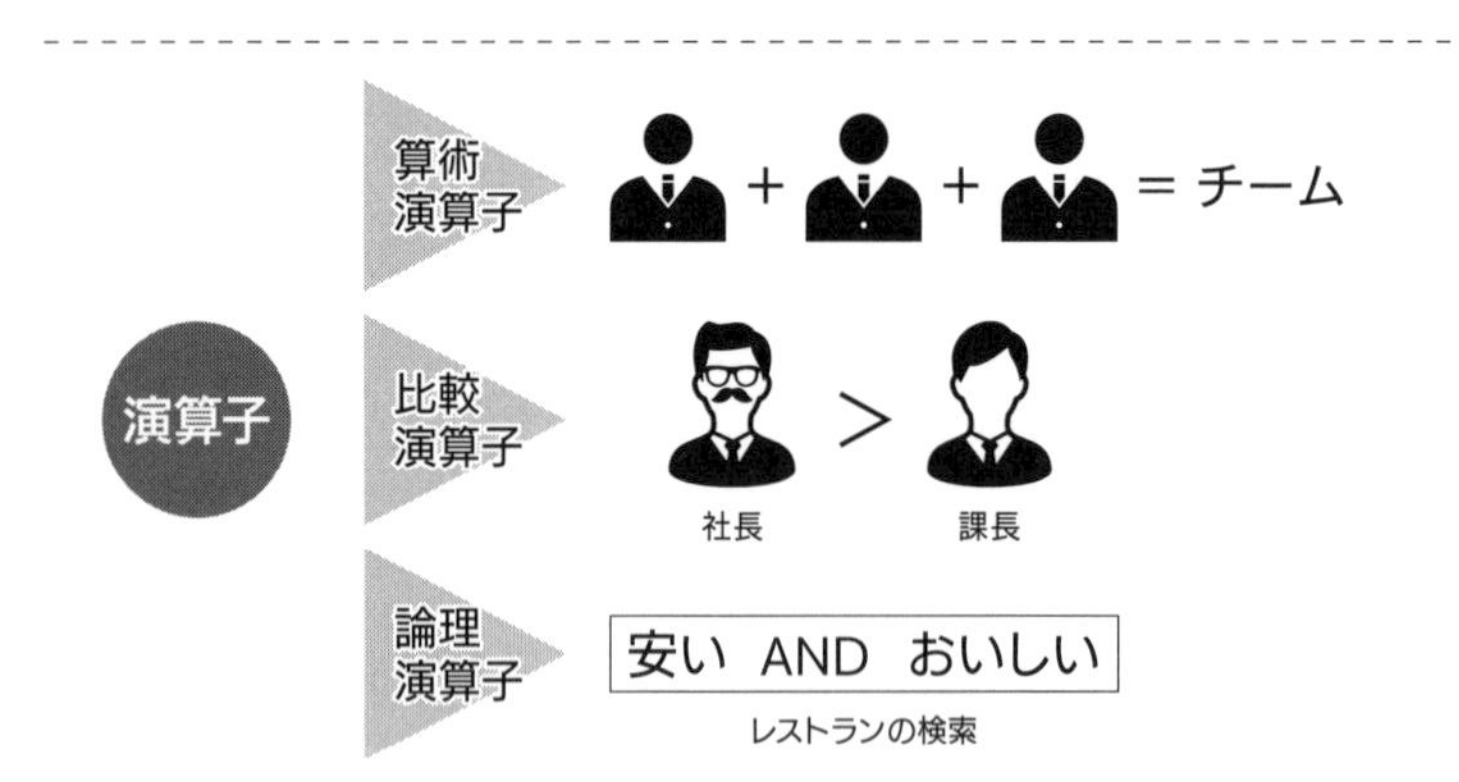

y＝f（x）は、y＝日本語翻訳機能（x）となり、xが「Thank you」であれば、yは「ありがとう」ということになる。この翻訳関数に対して「hello」を渡すと、英語の「hello」を受け取った翻訳関数は、日本語に変換して「こんにちは」という結果を返す。

これが関数の基本的な考えである。

ここで記されているfが「function（機能）」である。

関数も変数と同様に、扱えるのは数字だけではなく、様々な文字や日付も扱える。プログラミングにおける関数とは、「これ、お願い」と投げると、それを処理して返してくれる専門家のようなものである。

関数も変数同様に、プログラミングにとっては力強い便利グッズなのである。

ビジネスシーンでもエクセルの関数を使って、年間の売り上げから奇数月の売り上げだけを計上するとか、特定エリアの売り上げを月別に出すというようなことは日常的にやっているはずだ。

関数が力強い便利グッズであるのは、順次構造であるプログラムの中で、「まとめて」作業ができるからである。

変数は、それを書くだけで複雑な中身を実行できるが、関数も名前をコンピューターに教えておくことで、必要なときに呼び出して、その中身を実行することができる。変数も関数も数式というより記号に近い。

このあたりは実例とともに説明するほうがわかりやすいので、第3章でもう一度詳しく説明する。ここでは、変数も関数も数式のように思えるが実は記号であり、約束ごとであると理解してもらえればよい。

基本の演算子は3つ

演算子とは、いわゆる加減乗除の四則計算「+ − * /」や等式、不等式、ANDやORなどである。このうち、四則計算を「算術演算子」と呼び、等式や不等式などは「比較演算子（関係演算子）」、ANDやORは「論理演算子」と呼ばれる。

加減乗除の計算をする演算子「+ − * /」などは文字通り「算数」だが、比較演算子や論理演算子は、やはり条件設定のための記号であり、プログラミング言語の一種と見ることもできる。

比較演算子は選択構造と合わせて使われる。A=Bであるときはこうする。A>Bの場合は……、A<Bであるときは……という使われ方だ。

論理演算子のANDは、私たちは日常的にネット検索で使っている。

2つ以上のキーワードで検索するとき、キーワードとキーワードの間にスペースをとるが、このスペースが「論理演算子」ANDを意味しているのだ。

変数や関数がそうであったように、演算子もまた数字だけではなく、文字や日付、画像データ等、様々なものに対して使うことができる。

たとえば、五十音のひらがなの「あ」と「い」を関係演算子の不等式で表すと、「あ」は「い」より大きいか小さいことになる。文字の比較ができるということは、名前などの並び替えをすることも可能であるということだ。人事異動で部署がうつったり肩書きが変わったりして改めて組織図をつくる場合など、演算子を知っていると大いに役立つだろう。ひょっとすると一瞬で新組織図が出来上がるかもしれない。

演算子も詳しい説明は第3章で行う。ここでは大まかなイメージをとらえていただければよいだろう。

主要ソフトウェアに使われているプログラミング言語

主に使われているソフトウェアや分類	使われている言語（開発言語）使える言語など	メーカー／初期制作者など
Windowsアプリ 業務用システム	VB.NET	マイクロソフト
iPhoneアプリ	Swift	アップル
Facebook wikipedia ウェブアプリ CMSサイト ECサイト	PHP	PHP開発チーム
ウェブページ GoogleChrome	JavaScript	ネットスケープ・ コミュニケーションズ
Windowsアプリ ゲーム	C#	マイクロソフト
Unix, Linux ドライバ ミドルウェア	C	AT&T（ベル研究所）
Androidアプリ 家電、ロボット ニコニコ動画	C++	AT&T（ベル研究所）
Androidアプリ ウェブアプリ 業務用システム	Java	サン・マイクロシステムズ （オラクル）
WEBサービス スマホアプリ ゲーム	Ruby	まつもとゆきひろ氏
Youtube Google App Engine Dropbox Facebook	Python	グイド・ヴァンロッサム
エクセル ワード	VBA	マイクロソフト

第2章

コピペで軽〜く
プログラミング
体験をしてみよう

実際にプログラミングしてコンピューターを動かそう

プログラミングで実際にコンピューターはどんな動きをするのか。

これればかりは、本でいくら説明しても、やってみないとわからない。コピー可能な電子書籍なら、本章に記載しているプログラムをコピーして……ということも簡単に実行できるが、本では該当ページを見ながら入力するという作業が必要だ。

ページを見ながらプログラムを自分のコンピューターに入力していくという作業は、まるで写経のようだが、写経と同じで若干のご利益はある。写し取る作業とは、結局は実際のプログラミングに他ならないからだ。

プログラミング言語は、カンマひとつとっても意味がある。コーテーションマークやドットも同様だ。

何をどう書いてもコンピューターが読み取る部分もあるが、プログラミングの約束を守らないとコンピューターが読めないことのほうが多い。

そういう細かいことは、一度プログラムを書き写してみると体験的にわかる。

したがって、コピペで自分のコンピューターにプログラムを貼り付け、手間を省いて簡単にプログラムを動かしてみるのもよいが、自ら書き写してみることにも、それはそれで苦労の甲斐はあるということだ。


本章では、次の5つのプログラミング演習を用意した。

1 「メールチェックとスケジュールチェックが同時にできる」プログラミング
2 「指定時間にPCの電源を切る」をプログラミングしてみる
3 「部下がファイルをアップしたら上司にメールが飛んでくる」をプログラミングする
4 「メモを時系列でエクセルに保存する」をプログラミングする
5 「エクセルに画像を一括挿入する」をプログラミングする

本章で取り上げたプログラムは、OS（オペレーティングシステム）がウィンドウズで動いているコンピューターが対象となる。

ウィンドウズが鹿児島弁を使っているとすれば、マックは津軽弁でコミュニケーションをとっているようなものなので、ここで使っているプログラミング言語は、ウィンドウズのOSは読めるが、マックのOSは読めない。

また、ここで取り上げたプログラムは、あくまでも体験用なので、あまり複雑なものは避けている。

しかし、それでも初めてプログラムの画面を見る人にとっては、それぞれが複雑なものに映るはずだ。

そのため、各プログラムの記述内容については、概略の説明を付けている。

だが、プログラミング言語や構造については、第3章で詳しい説明をしているので、なるべく重複しないように簡略な記述にとどめた。

あるいは重複してでも憶えておいてほしいことは、あえて繰り返し説明を試みている。

プログラムの中身に入る前に、まず第1章のおさらいである。第1章で述べたように、プログラミングとは、コンピューターへの指示である。

コンピューターは、プログラムに指示されたことを上から下へ順番に読んでいく（順次構造）。本章で取り上げたプログラムも例外なく、上から下へ順番に流れている。

次にプログラミング言語のおさらいだが、プログラミング言語はそれぞれのソフトウェア環境によって、すこしずつ異なる。

同じ文字でも意味が違う場合がある。そのあたりは、論より証拠で現物を見て比べてもらえればよいだろう。

では、ようこそプログラミングの世界へ！

1 「メールチェックとスケジュールチェックが同時にできる」プログラミング

○語句と語句の間は半角スペースを空ける、が原則
○空白の行に意味はない

このプログラムは、普段からグーグルを使っている人という制限はあるが、Gメールとカレンダーを同じ画面上に出して、メールの確認とスケジュールの確認を同時にできるようにするものだ。

プログラミングの手続きとしては5つの中で一番簡略である。

ポイントとしては、一回のダブルクリックでGメールとカレンダーを表示するようにプログラミングしていることだ。このプログラムは、応用次第で他にも複数の画面を一回で表示させることができる。

使用するプログラミング言語は「VBS」というマイクロソフトのOSを動かすことので

きる言語である。

その他に使うものは、グーグルのメーラーとカレンダーだが、それはグーグルの中に用意されているので、プログラミング言語によって呼び出すことができる。

呼び出されたメーラーとカレンダーは、普段どおりに働く。したがって、呼び出した後は普段どおりにメールチェックとスケジュールチェックを行うだけである。

プログラミングの手順

まず、ウィンドウズのメニューにあるアクセサリから「メモ帳」を選択し、起動する。これがプログラムを書き込む「エディタ」である。「メモ帳」を使うのは、テキストファイルにするためだ。テキスト入力できるのであれば何でも「エディタ」になる。

次に、プログラムを書き込む。この作業が、一般にはプログラミングと呼ばれているものだ。コーディングと呼ぶ場合もある。次ページの図がプログラム（プログラミングが済んだ状態）の画面である。

プログラミング画面

```
①
Dim objWSH,MailUrl,CaleUrl
MailUrl="http://mail.google.com/mail/"
CaleUrl="http://calendar.google.com/calendar/"
②
Set objWSH=CreateObject("WScript.Shell")
objWSH.Run MailUrl,1
objWSH.Run CaleUrl,2048
Set objWSH=Nothing
```

「VBS」というプログラミング言語では、プログラムの始まりを意味するSubは使わない（この後、第3章ではSubを使った例が出てくる）。使わなくても、「VBS」では、最初の言葉がプログラムの先頭とコンピューターは認識する。

冒頭のDimは、「変数」（第1章で説明）の名前を決めているときの合図だ（「変数の宣言」）。半角スペース空けて後ろに続くobjWSH,MailUrl,CaleUrlが変数の名前である。カンマで区切れば、変数をまとめて書くことができる。

次に、このプログラムで使う「メーラー」と「カレンダー機能」を指定する（①）。ここまではただ指定しただけなので、ここで止めれば何も起きない。

ここではMailUrl="http://mail.google.com/mail/"がメーラーであり、その下のCaleUrlがカレンダー機能のＵＲＬだ。

""（半角ダブルコーテーション）でくくると、それが文字であると指定される。文字であると認識したコンピューターは、同じ文字のソフトを探し出すのだ。MailUrlやCaleUrlでは、文字の間に空きはない。行間（一行空き）に意味はない。

①で諸々の決めごとを済ませたら、次に動かし方の指示を行う。図でいう②の一番上にあるSet objWSH=CreateObject（"WScript.Shell"）のSetとobjWSHの間は、必ず半角スペース空ける。語句と語句の間は半角スペース空きである。SetobjWSHとつなげてしまうと、コンピューターは正しく認識できない。

半角スペースを取るものと取らないものが混在する。それがＶＢＳ言語のルールだ。こうしたことが、ＶＢＳ言語を含むプログラミング言語にはしばしばある。

objWSHという「変数」の中身がCreateObjectであり、"WScript.Shell"が、その「働

く機能」を意味する。（　）があることによってWScript.ShellがCreateObjectの働きと指定され、"WScript.Shell"と""でくくられることで、これが文字としてコンピューターの中にあるものということになる。そして、SetによってCreateObject("WScript.Shell")が「変数」objWSHの中身としてセットされる。

では、"WScript.Shell"とは何か。これは、いわばウィンドウズと対話できる「型枠（Shell）」である。ただし、ただの「型枠」ではない。依頼すれば働いてくれる「型枠」（アプリ機能）である。objWHS.Run MailUrlとプログラミングすれば、メーラーを働かせ、objWHS.Run CaleUrlとプログラミングすれば同じくカレンダーを機能させる。objWHS.Runの．（ドット）は「の」だ。つまり、「objWHSの実行」である。

実行するのは、後ろに続くMailUrlというメーラー機能とCaleUrlというカレンダー機能だ。MailUrl, 1の「1」はＶＢＳ言語では表示を意味する。その結果が、次ページの②の上段である。

CaleUrl, 2048も表示の指示だ。2048は新しいブラウザタブで表示することを意味している。

プログラミングはこれで終了、あとはデスクトップ上に保存するだけである。保存ファイル名は何でもよいが、暫定的に「メール_スケジュール確認.vbs」という名前で保存する。

実行画面

①

②

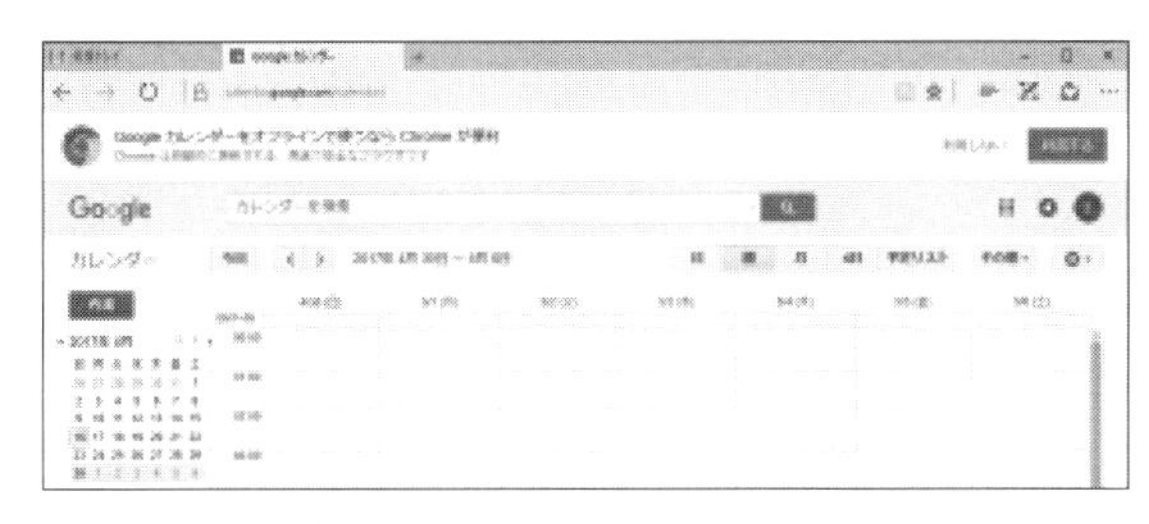

プログラム名に使っている「メール」と「スケジュール確認」の間の「_」（アンダーバー。正しくはアンダースコア）」に意味はない。重要なのは、名前の末尾に .vbs という拡張子（目印）を付けることだ。末尾に .vbs という目印があることで、マイクロソフト・ウィンドウズは、このプログラムがVBS言語で書かれたプログラムと認識する。プログラムとして保存し、プログラムとして起動するのは .vbs とあるからだ。

プログラムの動かし方

デスクトップ上に保存した「メール_スケジュール確認.vbs」のアイコン（前ページ①）を選んでダブルクリック、これで前ページ②の2つの画面が表示される。

あとは、普段行っているメールチェックとスケジュールチェックをするだけだ。

作業を一本化することで、メールを見ていちいちカレンダーを呼び出したり、手帳をめくる手間は省ける。メールで仕事の進行状況を尋ねられたり、メールで段取りを指示する場合などでは、いくらかスムーズにチェックができるのではないだろうか。

既存のメーラー、カレンダー機能を使うためのプログラミングとしても、煩雑な作業をしなくて済むというのが利点である。

2 「指定時間にPCの電源を切る」をプログラミングしてみる

○If は End If で終わる
○関数の後ろには（　）がある

政府は「働き方改革」を政策の重点課題に挙げている。長時間残業による過労死が社会問題ともなっている。指定時間にパソコンの電源が自動的に切れるようプログラミングすることは、べつに残業を減らすための措置ではないが、ひょっとしたらそういう使われかたもあるかもしれない。
その他、電源の切り忘れ対策にもなる。

手順は、メールとカレンダーの同時チェックのプログラムと同じである。プログラミング言語も同じ「VBS」言語で作成する。まず、ウィンドウズメニューのアクセサリの中にあるメモ帳を起動し、最後にファイル名を書いて .vbs で保存するのも同じだ。

だが、このシャットダウンプログラムは、メールとカレンダーの同時チェックプログラムに比べるといささか複雑である。

このプログラムの機能を表現するとこうなる。「自動電源ＯＦＦプログラム」。電源ＯＦＦしたい時間を現在時刻より後の時間に設定し、設定がＯＫなら実行し、キャンセルされれば実行しない。もし時刻が入力されないままＯＫされれば、エラーメッセージが出る。また、現在時刻より前の時刻が入力されてもエラーメッセージが出る。

これを「ＶＢＳ」プログラミング言語で表記すると、次ページのようになる。

①のDimとは、先述したとおり「変数の宣言」である。ここでは４つの変数（使用する名前）を宣言している。

②では、変数の中身を定めている。

objShellの中身は、ウィンドウズのアプリ機能が使えるようになる「型枠」の指定（"WScript.Shell"）をし、それを働かせる前準備CreateObject（手続き）を定めている。

strTitleの中身は、この枠の名前「自動電源ＯＦＦプログラム」を定める。

inpStdnの中身はInputBoxだが、ここではウィンドウズの時計（日時）を呼び出して、文字（「現在時刻」や「自動ＯＦＦ時刻の入力」など）やＯＫボタン、キャンセルボタンと

プログラミング画面

①
```
Dim objShell
Dim strTitle
Dim inpStdn
Dim secStdn
```

②
```
Set objShell = CreateObject("WScript.Shell")
strTitle = "自動電源 OFF プログラム"
inpStdn = InputBox("現在時刻：" & Now & vbCrLf & vbCrLf & _
          "自動 OFF 時刻の入力　例．00:00" & vbCrLf & vbCrLf & _
          "　取消し　［キャンセル］　実行　[OK]", _
          strTitle,"00:00")
```

③
```
If inpStdn = "" Then
    objShell.Run "cmd /c shutdown -a", 7

Else
```

④
```
    If IsDate(inpStdn) = False Then
        MsgBox "00:00 の形式で時刻を指定して下さい"

    Else
```

⑤
```
        secStdn = DateDiff("s", CStr(Date) & " " & inpStdn, Now)
        If secStdn > 0 Then
            MsgBox "未来の時刻を指定して下さい"
```

⑥
```
        Else
            objShell.Run "cmd /c shutdown -s -t " & Abs(secStdn), 7

        End If
    End If
End If
Set objShell = Nothing
WScript.Quit
```

ともに枠の中に表示し、strTitle で定めた「自動電源ＯＦＦプログラム」という枠のタイトルをここで表示させるということだ。

InputBox に続く（　）までが、93ページ①の枠の中で表示したい説明文の指定となるのである。93ページでは「23：00」と自動ＯＦＦ時刻が示されているが、「0：00」が入力前の待機状態である。

Ｉｆは条件設定

③、④、⑤、⑥と指定されている部分が条件ごとの設定である。

If inpStdn = “” Then の “” はキャンセルを意味する。Then は「そのときは」ということで、キャンセルボタンが押されたときは、変数 objShell（つまりウィンドウズのアプリ機能）を .Run で実行する。どう動くかというと、“cmd /c shutdown -a” すなわちコンピューターシャットダウンの中止である。-a が付くことで、コンピューターの自動シャットダウンは絶対にしないという意味になる。とにかくキャンセルボタンが押されたら、一度電源ＯＦＦの仮予約をしても予約時間前であれば電源ＯＦＦはしない。

Elseは「または」ということだ。
キャンセルの「または」は、キャンセルボタンが押されていないということになる。ここでは、OKボタンを押すか、電源自動OFFの時刻を入力されたことになる。

If IsDate(inpStdn)のIsDateは関数だ。プログラミング中の関数の働きは、第3章で詳しく説明しているので省略するが、ここでは②で定義したこと、つまり電源OFF時刻inpStdnが「00:00」(時刻形式)の形で入力されないと ＝False すなわち誤りとなる。
そして、メッセージ「00:00の形式で時刻を指定して下さい」が表示されるのだ。

⑤では、まず変数secStdnの中身は関数DateDiff(時間差を計算する関数)と定義され、DateDiffは"s"(秒単位で)でその差を計算して返して来いという指示である。したがって、If secStdn > 0 Then すなわち、現在時刻10:00で電源OFF予定時間が9:00であれば、数値は10－9＝1(実際は秒なので3600)となり、1は0より大きいから「未来の時刻を指定して下さい」というエラーメッセージが表示される。そういう指示が⑤である。

次に⑥のElse。変数objShell(ウィンドウズのアプリ機能)をRun(実行)するとは、

（OSであらかじめ定められた秒数後）にshutdown -s（シャットダウンを実行）とcmd /c（コンピューターに命じなさい）ということになる。

IfはEnd Ifで終了する。最初のIfは最後のEnd Ifまでとなる。
二番目のIfの終わりが二番目のEnd Ifであり、最後に設定したIfの終わりが最初のEnd Ifなのである。

プログラミングで、各行の文字の先頭の位置が行ごとに異なるのは、プログラミングの約束ごとではない。コンピューターは文字の先頭の位置がどこであろうと、先頭の文字から読む。先頭文字の位置が異なるのは、プログラムを書いている人の都合だ。

IfはIfからEnd Ifまでが「選択構造の範囲」だ。

88ページの電源OFFのプログラムでは、最初のIfは左端から始まるが、二番目のIfは半角5文字目から始まる。それは一番目のIfと区別するためで、それ以上の意味はない。

End Ifはそれぞれのifに対応しているが、視覚的にIfの位置とEnd Ifの位置を揃えることで、関係性がひと目で認識できる。

だが、それは人間にとってそうだというだけで、コンピューターはIfがどの位置にあろうと、IfとEnd Ifの関係性はわかっている。

Set objShell = Nothng と WScript.Quit はプログラミングの終了宣言である。②で Set objShell = CreateObject（“WScrpt.Shell”）とした定義は、Nothing でないものとなった。作業していた WScript は Quit（作業やめ）となったのである。

プログラミングはこれで終了、あとは保存終了するだけである。

今回もＶＢＳ言語でプログラミングしているので、ファイル名は末尾が .vbs でなければならない。ここではファイル名を「ShutdownTimer.vbs」とする。

ウィンドウズの日付機能を有効活用

デスクトップ上の「ShutdownTimer.vbs」をダブルクリックすると、次ページの①が表示される。

コンピューターの電源を切りたい時刻を入力してＯＫボタンをクリックすると、それが適正な時刻であれば②のメッセージが表示される。このメッセージはプログラミングでは入力

実行画面

①

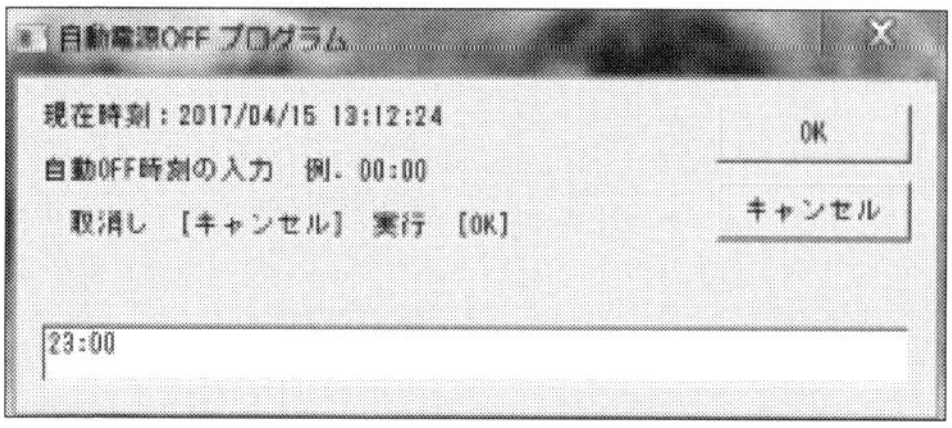

自動電源OFF プログラム

現在時刻：2017/04/15 13:12:24
自動OFF時刻の入力　例．00:00
取消し　[キャンセル]　実行　[OK]

OK
キャンセル

23:00

②

ログオフしようとしています
Windows を 584 分後にシャットダウンします。

シャットダウンは 2017年4月15日 23:00:00 に開始されます。

していない。

入力していないメッセージがなぜ表示されるかというと、それはshutdownからのメッセージだ。

「ログオフしようとしています。Windowsを５８４分後にシャットダウンします」の５８４分は、ウィンドウズとshutdownの働きによるものである。

その下の行にある「シャットダウンは２０１７年４月15日」の日付も同様だ。

プログラムは、コンピューターの持っている機能を最大限活用することで用途も広がるし、効率的となるのである。

3 「部下がファイルをアップしたら上司にメールが飛んでくる」をプログラミングする

○バッチファイルはVBS言語と異なるルールがある
○バッチファイルもウィンドウズOS用のスクリプト言語

このプログラムは、社内の共有フォルダに業務報告などを置いておくと、決まった時間に上司へ「報告書が上がりました」とメールで通知してくれるプログラムである。業務報告書ファイルが共有フォルダからなくなると、メールは送られない。

したがって、報告書を確認した後は、上司が別のフォルダに報告書を移動すること（未決箱と決裁箱のような仕組み）をルール化しておく必要はあるものの、報告書が未読のまま放置されることはなくなる。

無論、ファイルの中身が決裁書であっても仕組みは同様である。ここで示したプログラムでは添付ファイルを送ることはできないが、応用すればもちろん添付ファイルをメールで送ることも可能だ。

プログラミング言語は、メール送信用に「VBS」、ファイルチェック用は「バッチファイル」を使う。バッチファイルとは、ウィンドウズ全般の操作を自動化できるプログラム（スクリプト言語）のことを言う。いずれもウィンドウズのOSに対応した言語である。

プログラミングの手順

最初に「メモ帳」を起動するのはこれまでと同じ。「エディタ」は「メモ帳」でよい。ただし、プログラミングは「メール送信用プログラム」と「ファイルチェック用プログラム」の2種類を作る。

このプログラムのあらましを日本語で表現すると、まず「業務報告」というタイトルで、メッセージが「業務報告が上がりました」というメールが、定められたメールアドレスに送信される、ということになる。これが「メール送信用プログラム」である。

ただし、メールの送信はファイルチェックの結果、ファイルが存在した場合のみだ。その指示は、「ファイルチェック用プログラム」が行う。ファイルが共有フォルダにあれば「メール送信用プログラム」に起動するよう指示が飛び、ファイルが存在しない場合は何もしない。最後に、メールチェックのスケジュール管理は、ウィンドウズの「タスクスケジューラ」を使って行う。どちらから作ってもよいが、ここではメール送信用プログラムから始めよう。メール送信用プログラムはVBS言語を使っている。

次ページ①のobjMailは変数である。変数の中身はCDO.Message（ウィンドウズ標準のメールが送れる機能）だ。このメール送信機能を動かしてメール送信プログラムを作る。メールを送信する人のアドレスがobjMail.From＝の先に書かれたアドレスである。送る先がobjMail.To＝に書き込まれる。objMailはCDO.Messageの変数だから、objMail.FromとobjMail.Toそれぞれの意味するところは、ウィンドウズのメール送信機能を使って、送信者のメールアドレス、送信先のメールアドレスを指定するということになる。

次の行のobjMail.Subject＝〝業務報告〟が送信されるメールのタイトルであり、その下の行のobjMail.TextBody＝〝業務報告が上がりました〟がメッセージ本文となる。いずれもobjMailが変数となっているので、CDO.Messageを使って作るという指定である。CDO.Message（ウィンドウズのメール送信機能）には、大いに働いてもらうのだ。

プログラミング画面

メール送信用プログラム「mail_smtp.vbs」

①

```
Set objMail = CreateObject( “CDO.Message” )
objMail.From = "xxxxxx@sample.co.jp"
objMail.To = "test.mail@sample.co.jp"
objMail.Subject = " 業務報告 "
objMail.TextBody = " 業務報告が上がりました "
strConfigurationField ="http://schemas.microsoft.com/cdo/configuration/"
With objMail.Configuration.Fields
 .Item(strConfigurationField & "sendusing") = 2
 .Item(strConfigurationField & "smtpserver") = “smtp.googlemail.com”
 .Item(strConfigurationField & "smtpserverport") = 465
 .Item(strConfigurationField & "smtpusessl") = True
 .Item(strConfigurationField & "smtpauthenticate") = 1
 .Item(strConfigurationField & "sendusername") = "xxxxxx@sample.co.jp"
 .Item(strConfigurationField & "sendpassword") = "password"
 .Item(strConfigurationField & "smtpconnectiontimeout") = 60
 .Update
end With
objMail.Send
Set objMail = Nothing
```

次の行にURLがあるのは、このURLを記入することが、マイクロソフトの製品（この場合はウィンドウズ）を使って作ったものをメールで送るときのルール（フレーズ）だからである。このURLで何かの情報を得たりしているわけではない。strConfigurationField が設定する「変数」だ。

②の With から end With までは、プロバイダーやパスワードなどのメールの設定である。With objMail.Configuration.Fields の With の意味は、次の行から end With の間では、本来 .Item の前にあるはずの objMail.Configuration.Fields を省略しますということだ。したがって、次の行からは .Item から始まる。

.Item に続く（　）の中の strConfigurationField は CDO.Message（ウィンドウズのメールソフト）の変数だから、（strConfigurationField & "sendusing"）= 2 とは CDO.Message に働いてもらって "sendusing（送信サーバー）" を2（外部サーバー）に設定するということになる。次の .Item(strConfigurationField & "smtpserver") = "smtp.googlemail.com" とは、送信サーバーを "smtp.googlemail.com" に設定するという意味だ。このサンプルプログラムでは、Gメールを使用することを前提としている。

したがって、Gメールを使っていなければ、"smtp.mail.yahoo.co.jp" でも何でも、適宜、

プログラミング画面

メール送信用プログラム「mail_smtp.vbs」

```
Set objMail = CreateObject( “CDO.Message” )
objMail.From = "xxxxxx@sample.co.jp"
objMail.To = "test.mail@sample.co.jp"
objMail.Subject = " 業務報告 "
objMail.TextBody = " 業務報告が上がりました "
strConfigurationField ="http://schemas.microsoft.com/cdo/configuration/"
With objMail.Configuration.Fields
 .Item(strConfigurationField & "sendusing") = 2
 .Item(strConfigurationField & "smtpserver") = “smtp.googlemail.com”
 .Item(strConfigurationField & "smtpserverport") = 465
 .Item(strConfigurationField & "smtpusessl") = True
 .Item(strConfigurationField & "smtpauthenticate") = 1
 .Item(strConfigurationField & "sendusername") = "xxxxxx@sample.co.jp"
 .Item(strConfigurationField & "sendpassword") = "password"
 .Item(strConfigurationField & "smtpconnectiontimeout") = 60
 .Update
end With
objMail.Send
Set objMail = Nothing
```

② （With objMail.Configuration.Fields ～ Set objMail = Nothing）

自分の使っている外部メールサーバーを指定すればよい。

以下、smtpserverport は送信サーバーのポート、smtpusessl はSSLという暗号化通信の利用をする、smtpauthenticate は広く使われる送信サーバーの認証方式で基本認証、sendusername は送信サーバーの認証アカウント、sendpassword は送信サーバーの認証パスワード、smtpconnectiontimeout は送信サーバーとの接続タイムアウト時間だ。

これらの設定は、自身のメールの設定にあるものと同じでよい。

最後の .Update は、送信に必要な設定された値で更新するという意味になる。

end With によって、With すなわち objMail.Configuration.Fields を省略することは、ここで終わりましたということになる。

objMail.Send はメールの送信、Set objMail = Nothing はメールを送ったら一仕事終わりということだ。

ここまで書き上げたら、Cドライブ直下（C:¥）に保存して終了する。末尾は .vbs である。ここではファイル名を「mail_smtp.vbs」としている。

ファイルチェック用プログラムをつくる

ファイルチェック用プログラムはバッチファイル（スクリプト言語）でプログラミングするが、「メモ帳」を使うまでは同じだ。

次ページ①の SET FILE_NAME は変数である。バッチファイルは大文字表記している箇所が多いが、大小文字の区別は関係ない。語句は半角を使う。FILE_NAME の中にある _（アンダーバー）は、ひとつながりであることを示している。

変数の FILE_NAME の中身は、ワードで作られた「業務報告 .doc」である。

次の IF EXIST %FILE_NAME% GOTO FOUND とは、日本語に直せば「もし業務報告書ファイルである「業務報告 .doc」があったら FOUND へ行け」となる。

バッチファイルでは、FILE_NAME の前後にある % は SET で指定された変数を指し、中身を確認したい時は % と % の2つで挟むのがルールだ。

またバッチファイルでは、GOTO の行先には：の目印が付く（②）。

プログラミング画面

ファイルチェック用プログラム「FileCheck.bat」

```
① SET FILE_NAME="C:¥業務報告 .doc”
  IF EXIST %FILE_NAME% GOTO FOUND

② :NOTFOUND
  GOTO FIN

  :FOUND
  mail_smtp.vbs

  :FIN
```

したがって、行き先は：NOTFOUNDか：FOUNDということになる。「業務報告.doc」が共有フォルダにあればFOUNDへ飛び、メール送信プログラム（mail_smtp.vbs）が起動しメールが送られる。ただし、このバッチファイルではCドライブ直下(C:¥)を共有フォルダとして見立てている。「業務報告.doc」がなければそのまま下へ流れるのでNOTFOUNDへ行き、GOTO FINの指示でFOUNDを越えて終了する。いずれの場合も、次のチェック指定時間になったら、またこのバッチファイルを起動してチェックを行う。

バッチファイルでプログラミングしても、VBSで書いたメール送信用プログラムを動かすことはできる。FOUNDのときにmail_smtp.vbsへ行けるのは、ウィンドウズが「VBS

（.vbs）」と「バッチファイル（.bat）」双方を理解、認識できるからだ。

ファイルチェック用バッチファイル（スクリプト言語）を書き終わったら、やはりCドライブ直下（C:¥）に保存して終了となる。

このときのファイル名の末尾は.batでなければならない。.batと末尾にあることで、コンピューターはこれが単なるメモではなく、プログラムであると認識するのだ。

ここでは「FileCheck.bat」というファイル名で保存する。

ウィンドウズのタスクスケジューラを使う

コンピューターがファイルをチェックする時間の指定は、ウィンドウズのタスクスケジューラを使う。

タスクスケジューラを起動し、「タスクの作成」でトリガーの指定を行う（次ページ①）。

ここでは毎日9時11分に起動し、その後1時間おきにチェックを繰り返す設定としている。

次にタスクスケジューラの「操作」で「プログラムの開始」と入力し、「詳細」欄にファ

実行画面

①

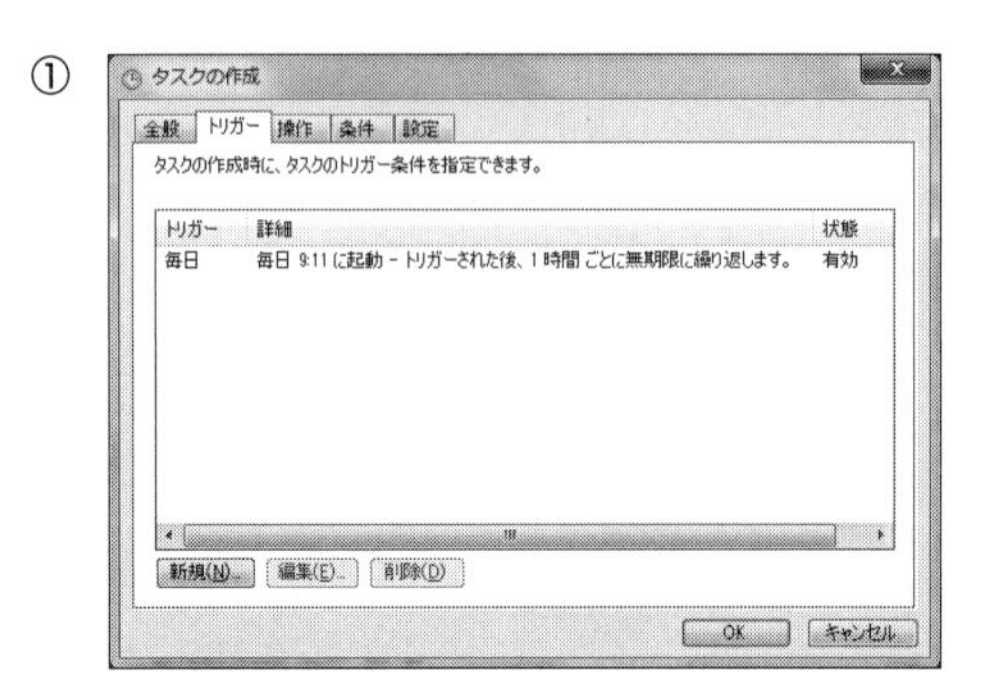
タスクの作成
全般
トリガー
操作
条件
設定
タスクの作成時に、タスクのトリガー条件を指定できます。
トリガー
詳細
状態
毎日
毎日 9:11 に起動 - トリガーされた後、1 時間 ごとに無期限に繰り返します。
有効
新規(N)...
編集(E)...
削除(D)
OK
キャンセル

タスク スケジューラ
ファイル(F) 操作(A) 表示(V) ヘルプ(H)
名前
状態
業務報告メール通知
準備完了
全般
トリガー
操作
条件
設定
履歴
操作
詳細
プログラムの開始
C:¥tools¥FileCheck.bat
基本タスク...
タスクの...
実行中の...
すべての...
新しいフ...
表示
最新の情...
ヘルプ

②

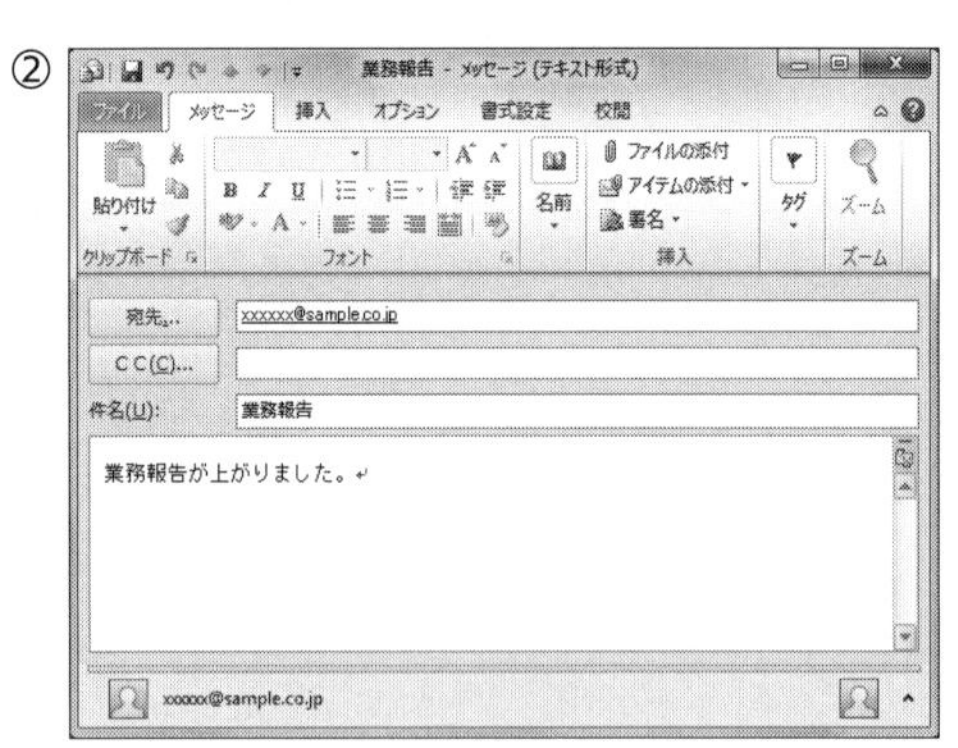
業務報告 - メッセージ (テキスト形式)
ファイル
メッセージ
挿入
オプション
書式設定
校閲
貼り付け
ファイルの添付
アイテムの添付
署名
名前
タグ
ズーム
クリップボード
フォント
挿入
宛先...
CC(C)...
件名(U):
xxxxxx@sample.co.jp
業務報告
業務報告が上がりました。
xxxxx@sample.co.jp

イルチェック用プログラムのパス（C:¥FileCheck.bat）を入力する。

これで、あとは自動的にコンピューターが共有フォルダにある「業務報告書」を探し出して上司にメールを送ってくれることになる（②）。

4 「メモを時系列でエクセルに保存する」をプログラミングする

○hta は html 言語などを利用してプログラミングができる技術
○エクセルにデータを飛ばすことができる。

このプログラムは、「今日やったことのメモ」を、日付時間ごとにエクセルに保存するというものである。それ自体ビジネスの汎用性があるというものではないが、メモをエクセルに飛ばせるというのは応用性が高い。日次の販売数と広告との関係や、販売数をエリアごとに時系列に並べて定点観測するなど活用できるのではないだろうか。

hta は、ＶＢＳやＨＴＭＬなどウィンドウズのアプリをプログラミングできる。英数半角が基本となる。ＨＴＭＬは〈 〉で囲んで構成する。次ページの①の4行は、１１３ページの図②、デスクトップに表示される枠をＨＴＭＬで書いている。最初にある〈html〉はＨＴＭＬであることを示し、〈body〉は本体画面枠、〈center〉は中央寄せを意味している。

プログラミング画面

①
```
<html><body><center><form name="frmInput">今日やったことは？
<textarea name="txtJob" cols="40" rows="10" wrap="hard"></textarea>
<input type="button" name="btnOutput" value="エクセルに保存" />
</form>

<script language=" VBScript" >
excelFile = "DailyReport.xlsx"
Sub Window_onLoad : Window.resizeTo 350,250 : End Sub

Sub btnOutput_OnClick()
  Dim valueJob,wss,desktopPath,excelPath,wbop,sheet,cnt
  valueJob = frmInput.txtJob.Value
  Set wss = CreateObject( "WScript.Shell" )
  desktopPath = wss.SpecialFolders( "desktop" )
  excelPath = desktopPath & "¥" & excelFile

  With CreateObject("Excel.Application")
    Set wbop = .Workbooks.Open(excelPath)
    Set sheet = wbop.Worksheets(1)
    cnt = sheet.Range("A1000").End(-4162).Row
    cnt = cnt + 1
    sheet.Cells(cnt, 1).Value = Now()
    sheet.Cells(cnt, 2).Value = valueJob
    .DisplayAlerts = False : wbop.Close True
    .Quit : Set wbop = Nothing
  End With

  Window.Close
End Sub
</script>
</center></body></html>
```

つまり、〈form name="frmInput"〉で書いている「今日やったことは?」を中央寄せにし、textarea name は変数、cols と rows は１１３ページ図②の窓の中のサイズを決めている。wrap は入力欄の折り返しだ。その後に続く〈/textarea〉〈/form〉などの / は「定義終了」で、１１３ページ図②の枠を作り出している枠定義の締めくくりである。

次ページ②では、ＶＢＳ言語でエクセルの保存を指定するので、〈script language="VBScript"〉としている。ここから〈/script〉すなわち「スクリプト終了」の手前まではＶＢＳで表記されている。エクセルのファイル名は「DailyReport.xlsx」としている。.xlsx は、このファイルがエクセルであることを示す。その次の行は画面の解像度の指定である。Sub から End Sub までが指定の内容である。

③の「btnOutput_OnClick()」は「エクセルに保存」ボタンを押されてからの動作で、まず１１３ページの図②データを飛ばすエクセルのファイルの保存場所の設定となる。valueJob は変数で、中身は図②の枠内の「今日やったことは?」の窓内に入力した文字を変数に入れるという意味だ。Set wss も変数で、何度も出てきたウィンドウズアプリと対話してくれる型枠(WScript.Shell)を使うということ。変数 desktopPath と excelPath は

```
<html><body><center><form name="frmInput">今日やったことは？
<textarea name="txtJob" cols="40" rows="10" wrap="hard"></textarea>
<input type="button" name="btnOutput" value="エクセルに保存" />
</form>

②  <script language=" VBScript" >
    excelFile = "DailyReport.xlsx"
    Sub Window_onLoad : Window.resizeTo 350,250 : End Sub

③  Sub btnOutput_OnClick()
      Dim valueJob,wss,desktopPath,excelPath,wbop,sheet,cnt
      valueJob = frmInput.txtJob.Value
      Set wss = CreateObject( "WScript.Shell" )
      desktopPath = wss.SpecialFolders( "desktop" )
      excelPath = desktopPath & "¥" & excelFile

  With CreateObject("Excel.Application")
    Set wbop = .Workbooks.Open(excelPath)
    Set sheet = wbop.Worksheets(1)
    cnt = sheet.Range("A1000").End(-4162).Row
    cnt = cnt + 1
    sheet.Cells(cnt, 1).Value = Now()
    sheet.Cells(cnt, 2).Value = valueJob
    .DisplayAlerts = False : wbop.Close True
    .Quit : Set wbop = Nothing
  End With

  Window.Close
End Sub
</script>
</center></body></html>
```

この場合、デスクトップに保存するエクセルファイルの場所を設定している。

次ページ④のWithの意味は、先述の「メール送信用プログラム」と同じだ。

CreateObject("Excel.Application")は、ここからエクセル操作する機能を使うということを意味する。④は113ページ図②で入力した文字をエクセルに保存させるときのルールを指定している。Set wbopはエクセルのブックを開き、Set sheetはエクセルシートの1番目を使うことを設定している。

sheet.Range("A1000").End(-4162).Rowは、エクセルのA列の最終行が何行目かを調べ、もし3行目まで値がすでに入っていれば、3がcntにセットされることとなる。最大行は1000行としている。cnt = cnt + 1は、値が入っている最終行の次の行がcntとなるということで、すでに3行目まで値が入っていれば、cntには4とセットされる。

sheet.Cells(cnt, 1).Value = Now()は、sheet1のA列4行目に現在日時をセットする、ということである。Now()はプログラムがいつ動いたのかという日時、Cellsはエクセルのセル、,1としているのはA列を意味する。B列の場合は,2で、C列であれば,3である。

sheet.Cells(cnt, 2).Value = valueJobは、113ページの図②に書き込んだ文章をエクセルのB列にセットという指示である。.DisplayAlerts = Falseは、エクセルの操作をしたと

プログラミング画面

```
<html><body><center><form name="frmInput">今日やったことは？
<textarea name="txtJob" cols="40" rows="10" wrap="hard"></textarea>
<input type="button" name="btnOutput" value="エクセルに保存" />
</form>

<script language=" VBScript" >
excelFile = "DailyReport.xlsx"
Sub Window_onLoad : Window.resizeTo 350,250 : End Sub

Sub btnOutput_OnClick()
  Dim valueJob,wss,desktopPath,excelPath,wbop,sheet,cnt
  valueJob = frmInput.txtJob.Value
  Set wss = CreateObject( "WScript.Shell" )
  desktopPath = wss.SpecialFolders( "desktop" )
  excelPath = desktopPath & "¥" & excelFile
```

④

```
  With CreateObject("Excel.Application")
    Set wbop = .Workbooks.Open(excelPath)
    Set sheet = wbop.Worksheets(1)
    cnt = sheet.Range("A1000").End(-4162).Row
    cnt = cnt + 1
    sheet.Cells(cnt, 1).Value = Now()
    sheet.Cells(cnt, 2).Value = valueJob
    .DisplayAlerts = False : wbop.Close True
    .Quit : Set wbop = Nothing
  End With
```

⑤

```
  Window.Close
End Sub
</script>
</center></body></html>
```

きに表示される警告メッセージ（アラート）などを表示しないという指示だ。
wbop.Close True でエクセルのワークブックが保存され閉じる。Close True は実行命令である。.Quit によって一連のエクセルの操作指示が終わる。

⑤の Window.Close から最終行までは終了作業だ。End Sub は１０９ページ③の Sub がここで終了したという意味である。〈/script〉〈/center〉〈/body〉〈/html〉の / は、それぞれの終了の意味だ。

ここまで書き込んだら、ファイル名を付けてデスクトップに保存する。

ここでは「DailyReport.hta」というファイル名としている。末尾は必ず .hta と拡張子を付けて保存すること。

ただし、このプログラムではデスクトップに保存するファイルがもうひとつある。「今日やったことは?」を表示するエクセルのファイルである。

ファイル名を付けてエクセルファイルを保存するが、中身は空のままでよい。ただし、ファイルはすでにあるものとしてプログラミングされているので、DailyReport.xlsx（プログラム②で変数 excelFile として設定されている）として保存しなければいけない。

実行画面

①

DailyReport.hta
DailyReport.xlsx

②

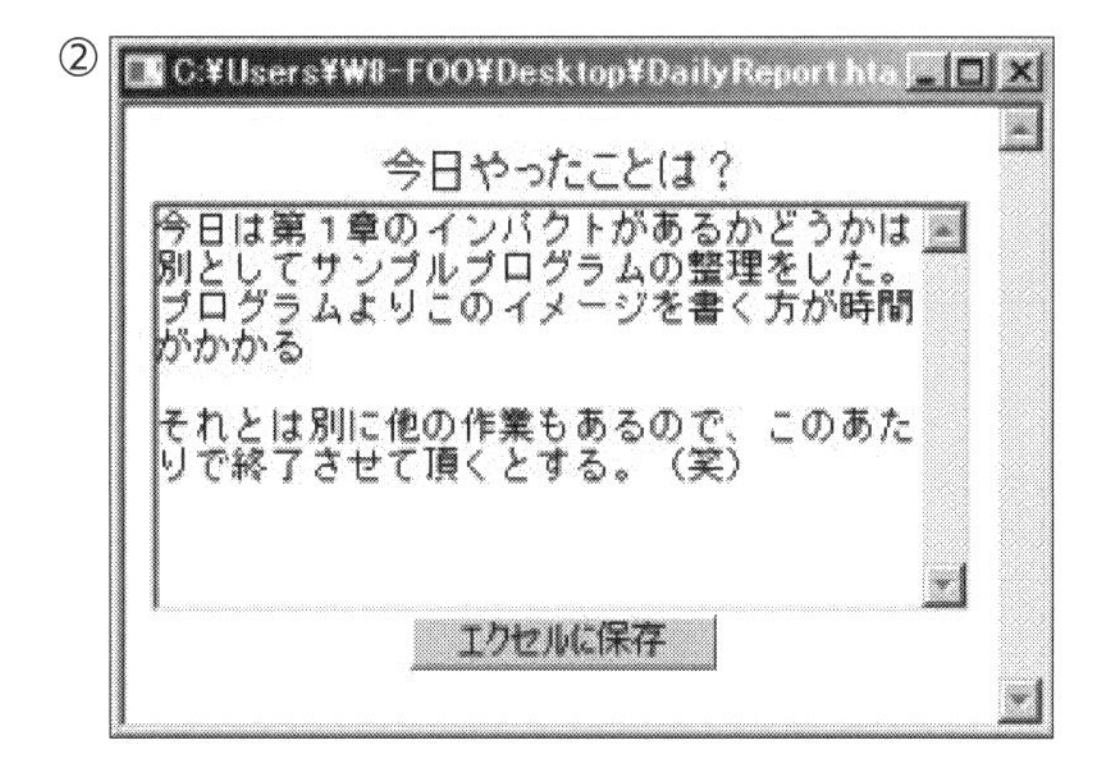
C:¥Users¥W8-FOO¥Desktop¥DailyReport.hta
今日やったことは？
今日は第１章のインパクトがあるかどうかは別としてサンプルプログラムの整理をした。
プログラムよりこのイメージを書く方が時間がかかる
それとは別に他の作業もあるので、このあたりで終了させて頂くとする。（笑）
エクセルに保存

③

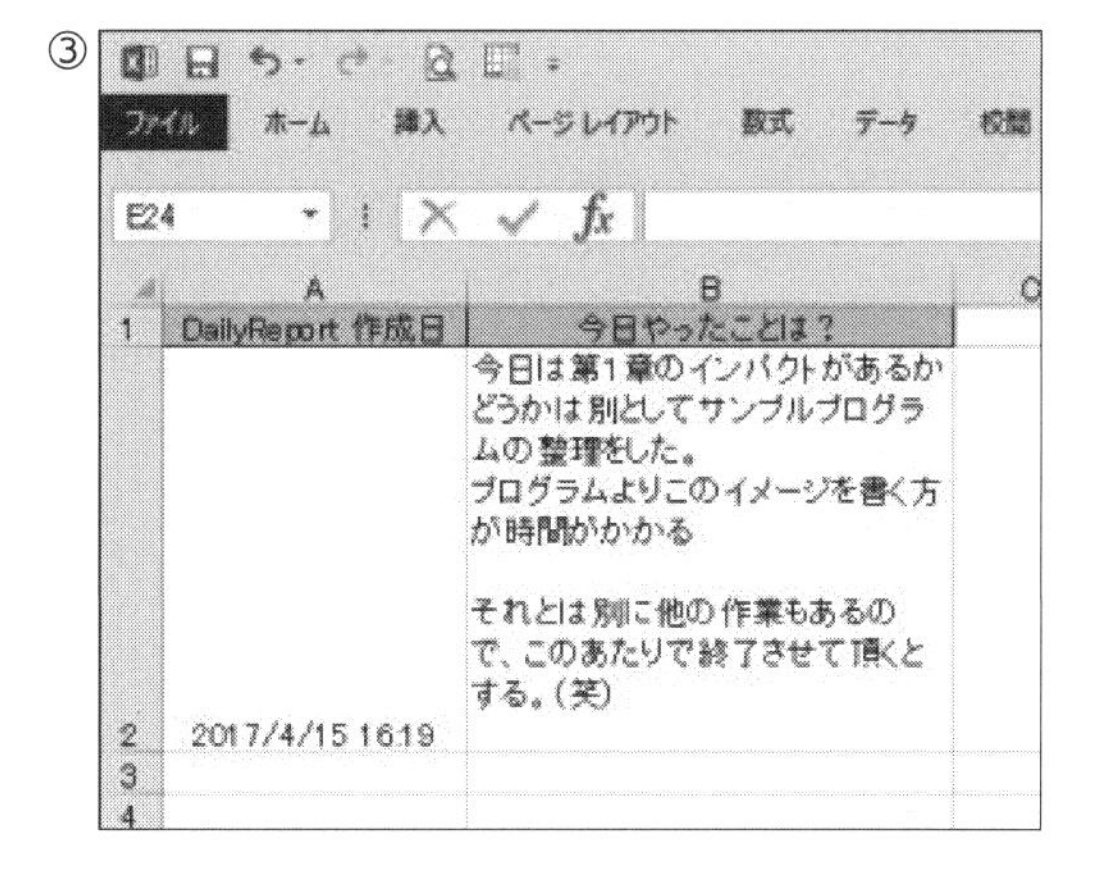
ファイル
ホーム
挿入
ページレイアウト
数式
データ
校閲
E24
A
B
C
DailyReport 作成日
今日やったことは？
今日は第1章のインパクトがあるかどうかは別としてサンプルプログラムの整理をした。
プログラムよりこのイメージを書く方が時間がかかる
それとは別に他の作業もあるので、このあたりで終了させて頂くとする。(笑)
2017/4/15 16:19

起動の順序

まずデスクトップ上のアイコン「DailyReport.hta」をダブルクリックする（前ページ図①）。

②の「今日やったことは」を書き込む画面が出るので、必要事項を書き込み、書き終わったら「エクセルに保存」のボタンを押してデータをエクセルに飛ばす。

エクセル画面に表示された内容を確認するには、再びデスクトップ上にあるアイコン「DailyReport.xlsx」（①）をダブルクリックしてエクセルを開く（③）。

5 「エクセルに画像を一括挿入する」をプログラミングする

○ワードのようにエクセルで画像のドラッグ&ドロップができるようになる。

○画像は均等に表示させる。

ここまでプログラミングを体験してみて、ややお疲れのことと思うので、この「エクセルに画像を一括挿入する」では、すこし説明を省略する。

理由は、説明をするより実際にプログラムを動かしたほうがよいということがひとつ。もうひとつは、あまり細かい説明を続けてしまうと、第3章以降の解説と重複してしまうからである。

ワードではドラッグ&ドロップで文書中に簡単に画像を挿入できるが、エクセルではできない。また、エクセルは画像をまとめて挿入すると画像が重なりあってしまい、順番に並べて挿入することができない。エクセルに画像を挿入する場合、普通は［挿入］タブから［図］をクリックし、挿入する画像を選択して挿入ボタンをクリックする必要がある。

プログラミング画面

```
Dim hensuA, hensuB, hensuC, hensuD, hensuE, hensuF, _
    hensuG, hensuH, hensuI

Set hensuD = WScript.Arguments
Set hensuA = GetObject(,"Excel.Application")
Set hensuB = CreateObject("Scripting.FileSystemObject")

With hensuA
  hensuH = .ActiveCell.Row
  hensuI = .ActiveCell.Column

  For hensuG = 0 To hensuD.Count - 1
    hensuE = hensuD(hensuG)
    hensuF = hensuB.GetExtensionName(hensuE)
    hensuF = LCase(hensuF)

    If hensuF = "jpg" Or hensuF = "jpeg" _
    Or hensuF = "png" Or hensuF = "bmp" Then

      Set hensuC = .ActiveSheet.Shapes.AddPicture( _
            hensuE, False, True, .ActiveCell.Left, _
            .ActiveCell.Top, -1, -1)

      hensuC.ScaleHeight 0.5, msoTrue
      hensuH = hensuC.BottomRightCell.Row
      hensuH = hensuH + 3
      .ActiveSheet.Cells(hensuH, hensuI).Select

    End If
  Next
End With
```

このプログラムは知っているとちょっと便利な機能で、いろいろなファイル作成で使える。プログラムの中身は前のページのとおりだ。使用言語はVBSである。

例によって「メモ帳」を起動して書き込んでいく。書き終わったらファイル名を「エクセル画像挿入.vbs」というファイル名でデスクトップに保存する。末尾に.vbsと付けることを忘れないように。

動作の確認

デスクトップにある「エクセル画像挿入.vbs」（次ページ図①）を配置して、エクセルが起動したら、まず画像を挿入したい場所のセルをクリックして選択する。

画像ファイル（.jpg／.jpeg／.png／.bmpの場合）を開き（図②）、複数の画像ファイルから画像を選び、「エクセル画像挿入.vbs」にドラッグ&ドロップ（画像をカーソルで引っ張っていって「エクセル画像挿入.vbs」のアイコンに落とす）する。

複数の画像をドラッグ&ドロップした場合は、エクセルに3行ほどの間隔を空けて画像が挿入される（図③）。

実行画面

①

エクセル画像挿入.
vbs

②

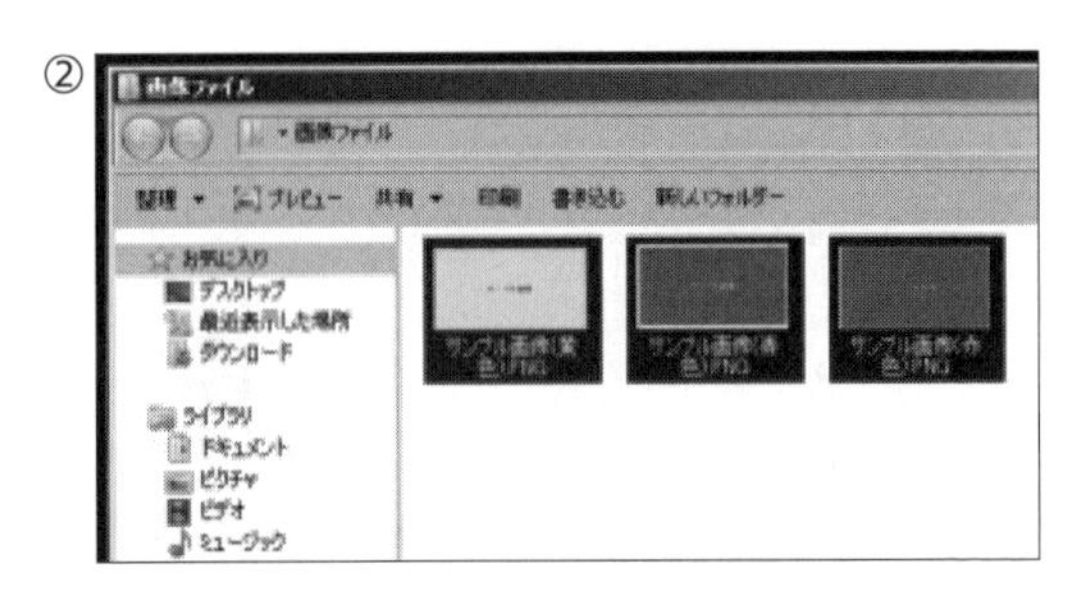
画像ファイル
整理
プレビュー
共有
印刷
書き込む
新しいフォルダー
お気に入り
デスクトップ
最近表示した場所
ダウンロード
ライブラリ
ドキュメント
ピクチャ
ビデオ
ミュージック

③

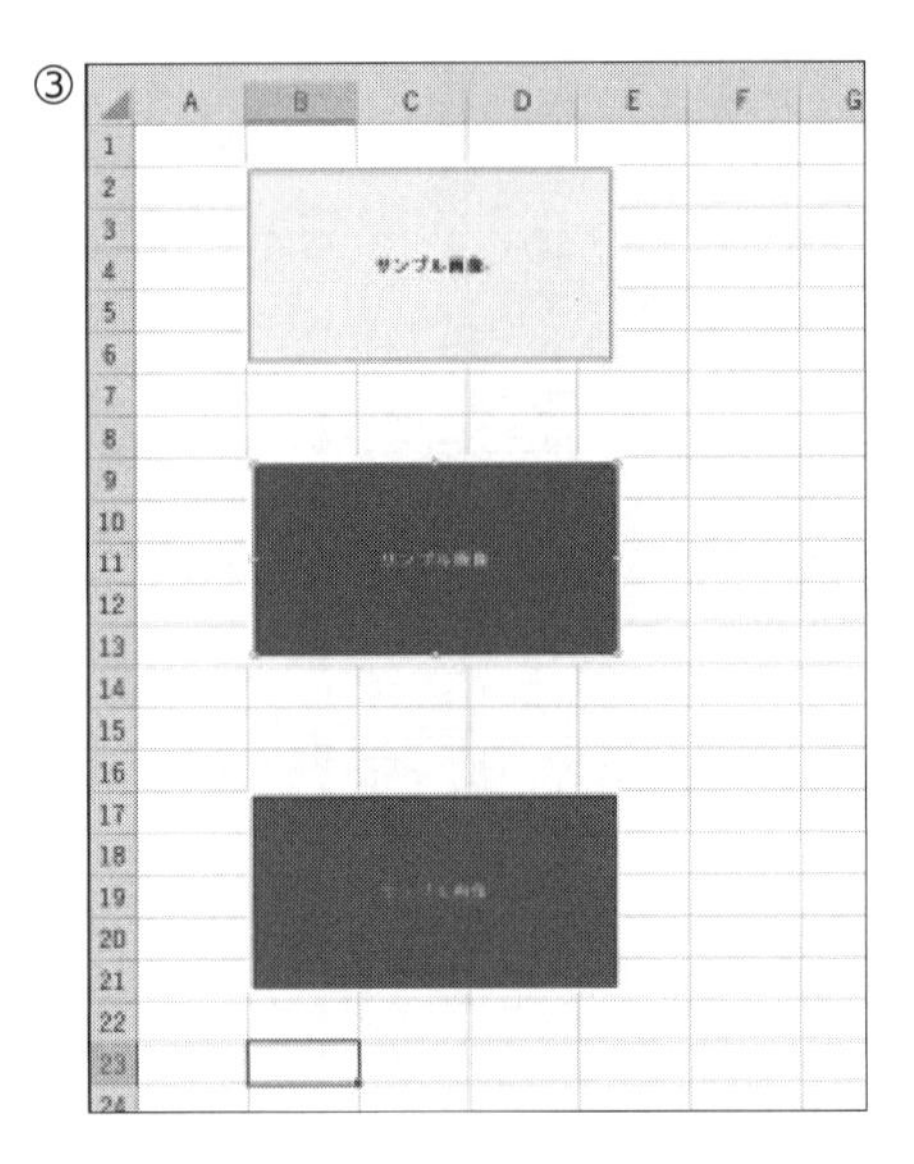
A
B
C
D
E
F
G
サンプル画像

第3章

プログラミングの実物で「変数」「順次構造」を学ぼう

エクセルのＶＢＡを使ってプログラミング

第3章では、改めてプログラミングの基本である「変数」と「順次構造」について詳しく述べてみたい。エクセルさえあれば誰でも始められるようプログラミング言語はＶＢＡを使う（ＶＢＡはエクセル用のプログラミング言語である）。本章で取り上げたプログラム例はすべてＶＢＡで作っている。

ＶＢＡもＶＢＳも、プログラミングの構造や変数、関数、演算子といった基本的なルールに違いはない。プログラミングの構造や変数、関数、演算子が他の言語であっても、エクセルやワードであっても、ウィンドウズやマックのＯＳであっても基本は変わらない。

違うのは言語だけだ。プログラミング言語とは、先述したとおり、文法は同じだが発音や表現方法が若干異なる方言のようなものなのである。

ＶＢＡとはVisual Basic for Applications の略称で、ワードやエクセルやパワーポイントなどのマイクロソフト社製のマイクロソフト オフィスがインストールされていれば使えるプログラミング言語である。

エクセルには、「マクロ」といわれる一連のエクセル操作を記録して、自動的に再生してくれる機能が標準装備されている。この「マクロ」が実はプログラムであり、マクロの正体がＶＢＡなのである。

プログラミング言語にはエクセルのＶＢＡ以外にも様々な種類がある。例えば、アイフォーンで動くアプリを作りたい場合は「Objective-C」や「Swift」というプログラミング言語を使う。アンドロイドで動くアプリを作りたい場合は「Java」というプログラミング言語などを使う。ウィンドウズで動かすソフトウェアを作るときに使われる「C♯」というプログラミング言語などもある。

それぞれの言語の違いは方言のようなものといっても、日本人であれば津軽弁と鹿児島弁を聞いてもまったく意味不明ということはない。だが機械は人間ほどの応用性は持ち合わせないため、プログラミングする側が伝える言葉に気をつかわなければならない。

人間ならば、方言といえども学習すれば理解できるようになる。だが、プログラミング言語を読む機械には、そんな学習能力はまだ十分に備わっていないのである。

プログラミングの手順

エクセルのＶＢＡを使ったプログラミングの手順について説明しよう。エクセルのＶＢＡでプログラムを作るには、まずエクセルを開いてキーボードのAltキーを押しながら、F11キーを押す。すると、普段見慣れたエクセルとは全く違う画面が表示されるはずだ。

これがマイクロソフト オフィスのプログラミング専用画面である。この画面は、「Visual Basic Editor」といわれるもので、「ＶＢＥ」と略されて呼ばれる。

画面が表示されたら、メニューバーの［挿入］を選び、［標準モジュール(M)］をクリックしてほしい。すると、左側に「標準モジュール」が現れ、その下に「Module1」というものが勝手に追加されているはずだ。これは「モジュール」といわれる「ソフトウェアの部品」を意味し、この場合はエクセルのソフトウェアで動かせるエクセル用の部品の一つだと思ってもらえればいいだろう。つまり、新しく現れた「Module1」というところに、エクセルの新たな部品となるプログラムを書いて動かすことができるのだ。

実際のプログラムは、右側にある真っ白なスペースに書いていく。

図３－①

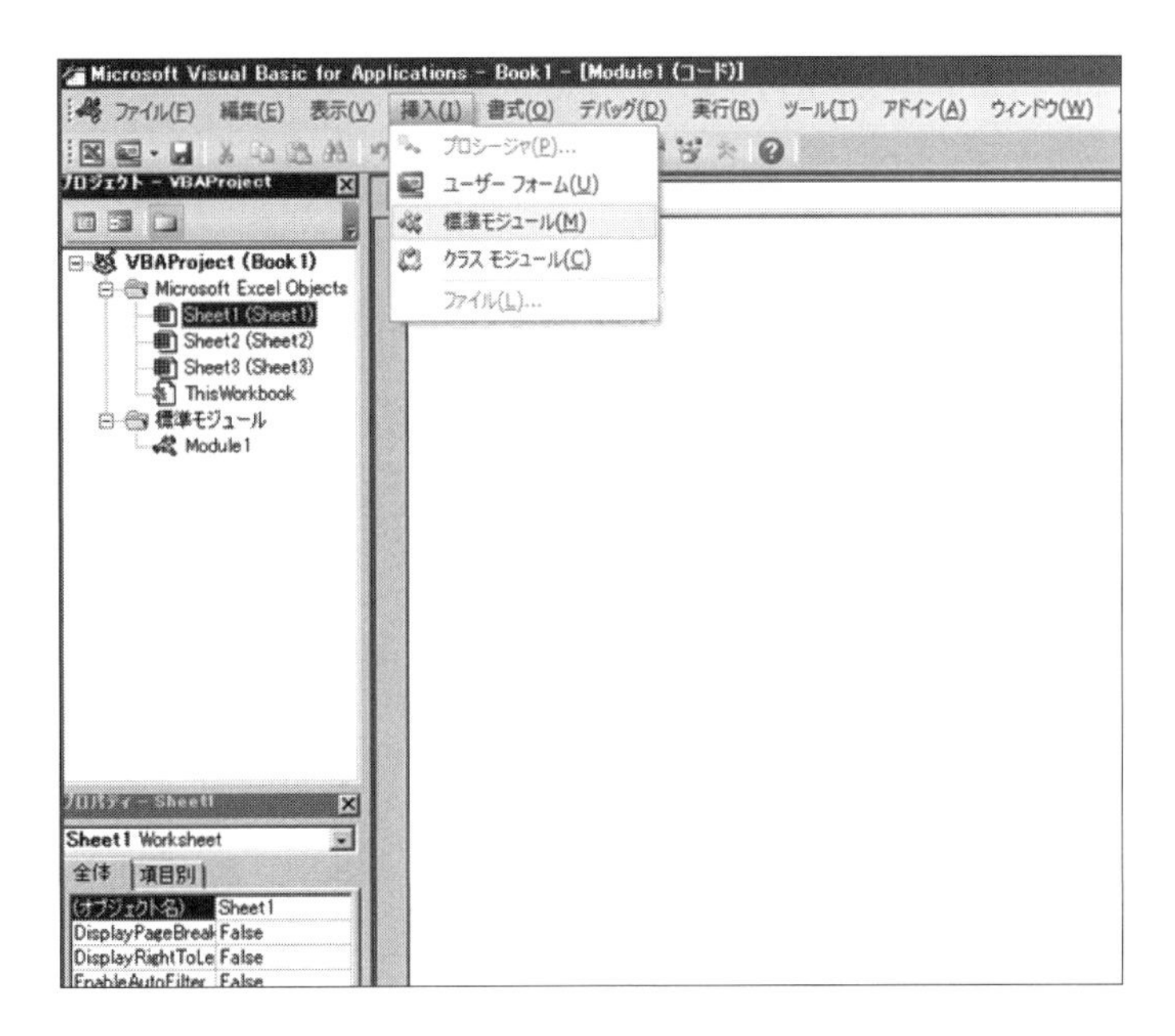

Microsoft Visual Basic for Applications - Book1 - [Module1 (コード)]
ファイル(F)
編集(E)
表示(V)
挿入(I)
書式(O)
デバッグ(D)
実行(R)
ツール(T)
アドイン(A)
ウィンドウ(W)
プロシージャ(P)...
ユーザー フォーム(U)
標準モジュール(M)
クラス モジュール(C)
ファイル(L)...
プロジェクト - VBAProject
VBAProject (Book1)
Microsoft Excel Objects
Sheet1 (Sheet1)
Sheet2 (Sheet2)
Sheet3 (Sheet3)
ThisWorkbook
標準モジュール
Module1
プロパティ - Sheet1
Sheet1 Worksheet
全体
項目別
(オブジェクト名)
Sheet1
DisplayPageBreak
False
DisplayRightToLe
False

このプログラミングでエクセルがどう動くのか

ＶＢＡでプログラミングしたものは、エクセルのマクロを動かすことができる。では、この後、具体的にプログラミングしていくと、エクセルはどういう動きをするのだろうか。まずはマクロを動かす手順から述べていこう。

図ａ　Ａ列のセルに半角英小文字や数字、何も入力しないセルを準備しておく。

図ｂ　メニュー（リボン）の［表示］→［マクロ］→［マクロの表示］をクリック

図ｃ　マクロを実行する小さい画面がエクセルの上に重なるように表示されるため、「MojiHenkan」（この後の本文で説明）という名前のマクロを選択し、実行ボタンをクリックする。

図ｄ　マクロ（作ったプログラム）が実行され、Ａ列のセルに入力した半角英小文字は半角英大文字に変換し、隣のＢ列のセルに表示される。数字のみや何も入っていない場合は「⇒文字以外」と表示される。

図３－②

a

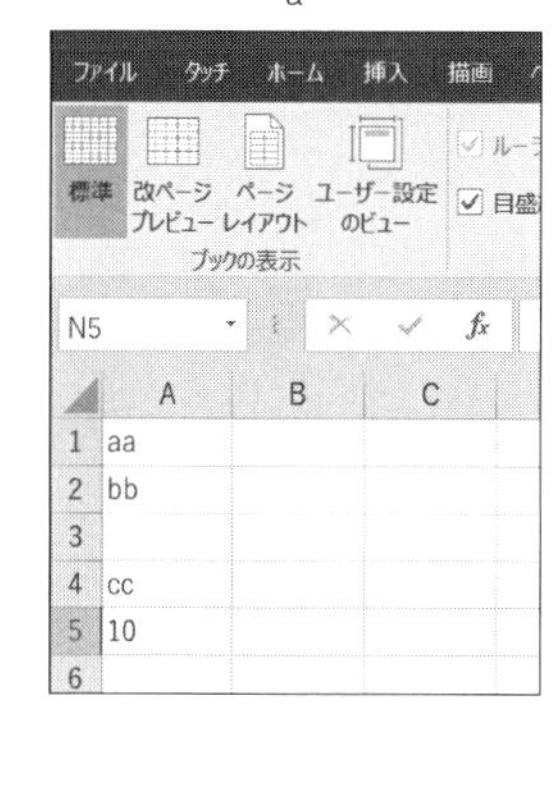
ファイル
タッチ
ホーム
挿入
描画
標準
改ページ プレビュー
ページ レイアウト
ユーザー設定 のビュー
目盛
ブックの表示
N5
A
B
C
1 aa
2 bb
3
4 cc
5 10
6

b

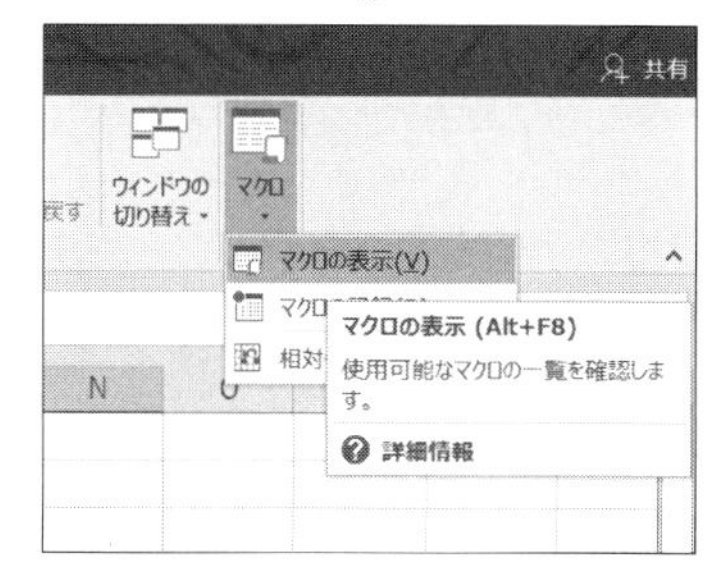
共有
ウィンドウの 切り替え
マクロ
マクロの表示(V)
マクロの表示 (Alt+F8)
使用可能なマクロの一覧を確認します。
詳細情報
N

c

マクロ
マクロ名(M):
MojiHenkan
MojiHenkan
実行(R)
ステップ イン(S)
編集(E)
作成(C)
削除(D)
オプション(O)...
マクロの保存先(A):
開いているすべてのブック
説明
キャンセル

d

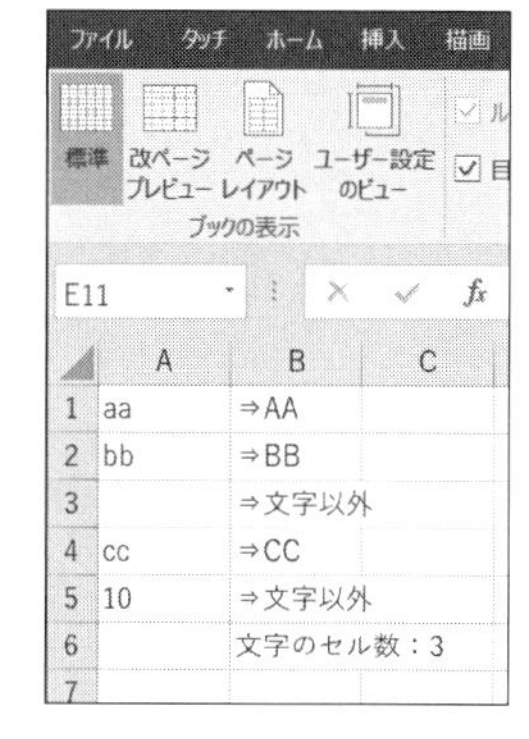
ファイル
タッチ
ホーム
挿入
描画
標準
改ページ プレビュー
ページ レイアウト
ユーザー設定 のビュー
ブックの表示
E11
A
B
C
1 aa ⇒AA
2 bb ⇒BB
3 ⇒文字以外
4 cc ⇒CC
5 10 ⇒文字以外
6 文字のセル数：3
7

以上の手順を踏めば、プログラミングされたエクセルのA列にａａと入力すれば⇒ＡＡと表示するという動作を確認することができる。

ここではプログラミングの基本を説明するために示しているので、このプログラミングの応用については省略するが、ａａと入力することで特定の部署の実績を時系列で表示するなど、使い方は多岐にわたる。

では、プログラミング開始から動作確認までの手順をおさらいしておこう。

①エクセルを開く
②Altキーと F11 キーを同時に押し、プログラムを書くためのＶＢＥ画面を開く
③［挿入］→［標準モジュール(M)］をクリックしてモジュールを追加する
④右側の真っ白なスペースにプログラムを書く
⑤エクセルの［表示］→［マクロ］→［マクロの表示］をクリックする
⑥マクロ実行用の小さい画面で、名前が「MojiHenkan」を選択して実行ボタンをクリックする

プログラミングの実物で見る順次構造

順次構造とは、コンピューターがプログラミングされたことを上から順番に処理することである。だから、コンピューターにしてほしいことを上から順番に書くのが、すべてのプログラミングの基本だ。

エクセルのVBAの場合、「Sub」から始まり「End Sub」までが、一つのプログラムの単位である。VBAでは、この一つのプログラムの固まりを「プロシージャ」と呼ぶが、他のプログラミング言語では「メソッド」など違う言い方もされる。

VBAは「Sub」がないと何も始まらない。この「Sub」とは「Subroutine（サブルーチン）」が略されたもので、エクセルが動いていればどこからでも使える一つのプログラムの固まりである。つまり、VBAの場合は、「Sub」から「End Sub」までの間に自由にプログラムを書け、「End Sub」で一つのプログラムの終わりを表す。コンピューターは「Sub」の次の行から順番に「End Sub」のところまで実行してくれる。

ＶＢＡの規則として、「Sub」の一文字目の「S」は半角大文字で、その後に半角小文字の「ub」が続く。そして、「Sub」の後ろに半角スペースを空けて名前を書くことで、エクセルは一つのプロシージャであることを認識・識別できる。

この名前が、エクセルを動かす際にマクロの名前として表示されるのである。次ページの図では「MojiHenkan」をプロシージャの名前としている。そして、名前の末尾には半角括弧「()」を付けることがＶＢＡの規則である。

プロシージャの名前は自由に付けることができる。英字だけではなく、ひらがなや漢字も使える。次ページの図では、すべて英字で「MojiHenkan」と書いているが、「文字変換」という漢字だけで書いても正常に動く。

ただし、いくつか注意しなければいけない規則はある。

プロシージャの名前の一文字目に数字や記号は使えず、必ず英字やひらがな等の文字でなければならない。つまり、「2name」や「#name」という名前を書くとＶＢＡのプログラムは動かないのである。

また、名前の中にアンダーバー（アンダースコア）は使えるが、他の記号を使うことはできない。アンダーバーを使った「Moji_Henkan」という名前は使えるが、ハイフンを使った「Moji-Henkana」という名前を付けることはできないのである。

図３－③

```
Sub MojiHenkan()
  Dim lngLastRow As Long     '最終行の数字型変数
  Dim lngLoopRow As Long     '繰り返し処理用の変数
  Dim lngMojiKensu As Long  '処理件数用の数字型変数
  Dim strCellA As String     'Ａ列セル用の文字型変数
  Dim strCellB As String     'Ｂ列セル用の文字型変数

  'Ａ列に値がある最終行を変数「lngLastRow」へ代入する
  lngLastRow = ActiveSheet.Cells(Rows.Count, 1).End(xlUp).Row

  '１行目から最後の行まで繰り返す
  For lngLoopRow = 1 To lngLastRow
    '変数[strCellA]に、Ａ列ｎ行目(lngLoopRow)を代入
    strCellA = Cells(lngLoopRow, 1).Value
    lngMojiKensu = 0  '変数[lngHenkanKensu]に０(ゼロ)を代入

    If strCellA = "" Or IsNumeric(strCellA) = True Then
      '変数[strCellA]の値が空欄、または、数字の場合、
      '変数[strCellB]に"文字以外"という文字を代入
      strCellB = "文字以外"
    Else
      '変数[strCellA]の値が空欄以外、かつ、数字以外の場合、
      '変数[strCellB]にＡ列セルの値を大文字に変換して代入
      strCellB = UCase(strCellA)
      '変数[lngHenkanKensu]に、＋１を加算した数字で代入
      lngMojiKensu = lngMojiKensu + 1
    End If
    'ｎ行目(lngLoopRow)のＢ列のセルに、記号"⇒"と
    '変数[strCell]の値を結合して、セルに入力
    Cells(lngLoopRow, 2).Value = "⇒" & strCellB
  Next

  '文字を含むセルの件数[lngMojiKensu]をＢ列セルに入力
  Cells(lngLoopRow, 2).Value = "文字のセル数：" & lngMojiKensu
End Sub
```

ＶＢＡのプロシージャの名前の規則を簡単にまとめると次のようになる。

①使用できる文字は、英字、ひらがな、全角カタカナ、漢字、数字、アンダーバー
②一文字目は数字や記号は使えず、文字であること
③アンダーバー（アンダースコア）以外の記号は使えない
④名前の途中でスペースは使えない

図３－③では「MojiHenkan」という名前にしているが、これは便宜上付けたもので、各自が自由にマイルールを定め、個人の趣味嗜好で運用すればよい。

このプログラミングでは、先述したとおりＡ列のセルに入力した英小文字を、Ｂ列のセルへ英大文字に変換して表示させる処理が書かれている（下図参照）。

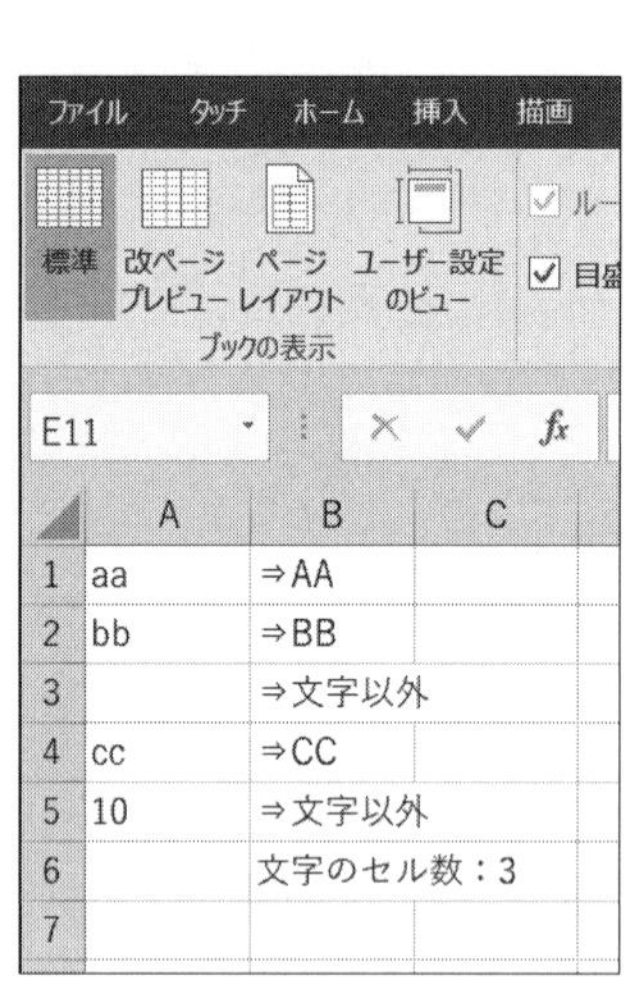

	A	B	C
1	aa	⇒AA	
2	bb	⇒BB	
3		⇒文字以外	
4	cc	⇒CC	
5	10	⇒文字以外	
6		文字のセル数：3	
7			

そのため、文字を変換する処理であることが、プロシージャの名前を見て分かるように「文字変換」をそのままローマ字で表記したプロシージャの名前にしている。

また「Moji」と「Henkan」で見た目の区切りが分かるように、それぞれの出だしを大文字にしている。

規則に合っていれば何でもよいので、プロシージャの名前を「文字変換」という漢字にしても、「moji_henkan」とアンダーバー（アンダースコア）を使った名前にしても問題はない。

「End」の一文字目の「E」は半角大文字で書き、その後には半角小文字で「nd」と続ける。そして半角スペースを空け、半角大文字の「S」、半角小文字の「ub」と書くことが「End Sub」の規則である。

ただし、VBE（プログラミング専用画面）でプログラムを作ると、半角大文字の「SUB」でも小文字の「sub」でも、VBAが勝手に「Sub」と規則に従って変換してくれる。また、括弧「()」と「End Sub」も同時に付けてくれるので、半角スペースを空ける場所だけを注意してもらえればよい。

プログラミングの実物で見る変数

変数とは、数値や文字や日付などの「値」に固有の名前を付けて一時的に記憶しておける入れ物であり、固有に付けた名前を書けば、記憶した値をプログラムの中でどこでも使うことができる。

例えば、新しく買ったスマホの電話帳に友人の「ヨシダ」と入力して「電話番号」を登録する。その友人に電話をかける場合、普通、電話帳からヨシダという名前を選択すれば、友人の電話番号が画面に出てくる。

電話帳にヨシダという名前と電話番号を記憶させ、後でヨシダを選べば電話番号を表示、参照することができる。つまり、ヨシダは「変数」で、電話番号が「値」ということになる。

これが、プログラミングにおける「変数」の基本的な考え方である。

データである値に固有の名前を付けることができるため、長い文字の値も短い名前で管理することができる。例えば、「○○県○○区○○町一―二―三○○○○マンション五○一」

のような文字数が多い住所も、「ヨシダ」という名前の変数に記憶させれば、たった三文字ヨシダと書くだけで住所の参照が可能となる。

また、扱う値の内容によっては、内容の分かる名前を付けることによって複数の値の識別も容易となる。例えば、氏名、年齢、住所を記憶させる変数の名前を付ける場合、それぞれを「name」「age」「address」という名前の変数にすれば、どういう値が記憶されているか見てすぐに分かる。

変数は、漢字で「変」「数」と表現されるため、「数値」しか扱えない印象を受けるかもしれないが、一時的に記憶できるものは数値だけではなく、電話番号のハイフン「-」のような記号も扱うことができる。当然のことながら、英語や漢字や記号、さらに日付のような値も扱うことが可能だ。このあたりが、数学で習う「変数」とは異なる点であり、数値にこだわらない便利な点である。

では、プログラミングにおいて変数を使うにはどうすればよいか。

変数の使い方として基礎となるのは、次の三つである。

①変数を宣言する

②変数に代入する

③変数を参照する

変数は宣言することで有効になる

プログラムで変数を使うためには、まず「変数を宣言する」ことが必要だ。これは、変数を使う前に必ず行うプログラミングのルールと思っていただきたい。ＶＢＡのオプションでは、変数を宣言しなくてもいい設定と、しなくてはならない設定がある。ここでは設定しなくてはならないことを前提としている。

これは、何も知らされていない変数を使うとプログラムがどう扱ってよいかわからないため、「こういう名前の変数を使う」ということを周知させることでもある。この他にも、実はメモリを余計に消費させないメリットもある。

変数を宣言した場合、ＶＢＥでは変数のタイプミスを自動で注意喚起してくれるので、タイプミスよるプログラムのバグ（欠陥）も回避できる。

使用する変数は、自由に名前を付けることができる。例えば、電話帳ファイルの7番目を記憶させる変数を宣言する場合、変数の名前を「Phonebook7」としてもよいし、「tel_007」としてもよい。

図3－④

変数を宣言している

```
Sub MojiHenkan()
  Dim lngLastRow As Long      '最終行の数字型変数
  Dim lngLoopRow As Long      '繰り返し処理用の変数
  Dim lngMojiKensu As Long    '処理件数用の数字型変数
  Dim strCellA As String      'A列セル用の文字型変数
  Dim strCellB As String      'B列セル用の文字型変数

  'A列に値がある最終行を変数「lngLastRow」へ代入する
  lngLastRow = ActiveSheet.Cells(Rows.Count, 1).End(xlUp).Row

  '1行目から最後の行まで繰り返す
  For lngLoopRow = 1 To lngLastRow
    '変数[strCellA]に、A列n行目(lngLoopRow)を代入
    strCellA = Cells(lngLoopRow, 1).Value
    lngMojiKensu = 0  '変数[lngHenkanKensu]に0(ゼロ)を代入

    If strCellA = "" Or IsNumeric(strCellA) = True Then
      '変数[strCellA]の値が空欄、または、数字の場合、
      '変数[strCellB]に"文字以外"という文字を代入
      strCellB = "文字以外"
    Else
      '変数[strCellA]の値が空欄以外、かつ、数字以外の場合、
      '変数[strCellB]にA列セルの値を大文字に変換して代入
      strCellB = UCase(strCellA)
      '変数[lngHenkanKensu]に、+1を加算した数字で代入
      lngMojiKensu = lngMojiKensu + 1
    End If
    'n行目(lngLoopRow)のB列のセルに、記号"⇒"と
    '変数[strCell]の値を結合して、セルに入力
    Cells(lngLoopRow, 2).Value = "⇒" & strCellB
  Next

  '文字を含むセルの件数[lngMojiKensu]をB列セルに入力
  Cells(lngLoopRow, 2).Value = "文字のセル数:" & lngMojiKensu
End Sub
```

ただし、何でもよいといってもデタラメでよいわけではなく、ＶＢＡで変数に付けられる名前の規則は次のとおりとなる。

①英字、漢字、ひらがな、カタカナの文字、および数字が使える
②記号のアンダーバー（アンダースコア）が使える。他の記号は使えない
③名前の途中でスペースは使えない
④一文字目は英字、漢字、ひらがな、カタカナの文字でなければならない。一文字目に数字や記号のアンダーバー（アンダースコア）を使うことはできない
⑤すべて半角であれば２５５文字まで。すべて全角であれば１２７文字まで
⑥同じ名前は複数使えない
⑦大文字、小文字の区別はなく、同様に扱われる。例えば、小文字の「phone」も大文字の「PHONE」も、ＶＢＡの場合、プログラムは同じ変数として認識する
⑧すでにＶＢＡとして意味を持つ言葉は使えない。例えば、前に出てきた「Sub」はＶＢＡの機能として意味を持つ大切な言葉であるため、変数の名前にすることはできない。

この、すでに意味を持っているため使えない言葉を「予約語」と言う

以上の点をクリアしていれば、変数の名前は自由に付けることが可能である。

変数の型

「変数を宣言する」際は、変数の名前だけではなく、その変数で扱えるものが文字なのか、数字なのか、日付なのか、つまりどういう種類の値を扱う変数なのかも指定する。

これを、プログラミングでは「データ型を指定する」と表現する。

では「データ型」とは何か。

例えば、変数を「数値や文字や日付などの値を一時的に記憶しておく入れ物」と先に説明したが、入れ物にはいろいろなタイプがある。生活雑貨なら、プラスチックの入れ物もあれば紙の入れ物もある。網目状のザルや、ボール状の入れ物もある。

水を入れるならプラスチックの入れ物が適している。紙の入れ物や隙間のある入れ物に水を入れると、漏れたり破れたりしてしまうだろう。入れ物に入れられる物と入れられない物があるように、変数にもタイプによって、入れられる物と入れられない物がある。

この入れ物のタイプが「データ型」というわけだ。

つまり、文字を扱うには文字用のデータ型を指定し、数値を扱うには数値用のデータ型、日付を扱うには日付用のデータ型を指定しなければならない。

ＶＢＡにおいて「変数を宣言する」場合、次のような構文となる。

Dim 変数 As データ型

一つひとつ細かく見ていくと、最初の「Dim」とは「Dimension（次元）」が略されたものであり、半角スペースを空けて、変数の名前を書く。前にも書いたように、変数の名前は規則内であれば自由に付けられる。

変数の名前の次は、半角スペースを空けて、「As」を書き、また半角スペースを空けて、データ型を書く。ＶＢＡでは、変数を宣言する際に指定するデータ型の前には「As」を付ける必要がある。指定したデータ型「として」変数を宣言するという意味になる。

ここからは、実際にプログラムを見ながら、「変数の宣言」を解説していこう。このプログラムでは五つの変数を使うため、「変数の宣言」をしている箇所が五行ある。

① Dim lngLastRow As Long

② **Dim lngLoopRow As Long**

③ **Dim lngMojiKensu As Long**

④ **Dim strCellA As String**

⑤ **Dim strCellB As String**

「Dim」と「As」の間に書いてあるものが、前述したように変数の名前であり、「As」の後ろが、扱う値の種類を表しているデータ型である。

①から③までは数値用のデータ型である「Long」を指定していて、④と⑤は文字用のデータ型である「String」を指定している。

変数の宣言と言われるのはデータ型までのことである。しかし、一つめの変数を宣言している行には、データ型の後ろにスペースを空けて、シングルコーテーション「'」から始まる文章が次のように書かれている。

・最終行の数字型変数

```
Sub MojiHenkan()
  ①Dim lngLastRow As Long      '最終行の数字型変数
  ②Dim lngLoopRow As Long      '繰り返し処理用の変数
  ③Dim lngMojiKensu As Long    '処理件数用の数字型変数
  ④Dim strCellA As String      'A列セル用の文字型変数
  ⑤Dim strCellB As String      'B列セル用の文字型変数
```

これは「コメント」と言われるもので、いわゆる「注釈」のことである。

ＶＢＡでは、半角のシングルコーテーション「'」から後ろの文字は「コメント」として扱われ、プログラムとして扱われず無視される部分である。よく使われるコメントの活用方法として、ここでは「何をしているのか」をメモのように書き残している。

タイプ別のデータ型

ここで、ＶＢＡの代表的な「データ型」のタイプを紹介しておこう。

Long 型

読み方はそのまま「ロング」でよい。これは「整数型」といわれるもので、整数の数値を扱いたいときに変数に指定するタイプである。扱える数値の範囲はマイナス値の「-2,147,483,648」からプラス値の「2,147,483,647」までの整数である。

整数型の場合、変数を宣言した時点で自動的に初期値として数値の「0」が記憶される。

扱えるものが数値であるため、数字の集計などの計算処理や統計データを作る場合に使いやすいタイプといえる。

整数型であるため、データ型に「Long」を指定した変数では、値に漢字や英字などの文字を扱うことはできない。「Long」を指定した整数型の変数に対して漢字の文字を記憶させようとすると、プログラムとして正常に動かないのである。

String 型

読み方は「ストリング」である。これは「文字型」といわれるもので、漢字や英字、さらに記号やカタカナなどの文字を扱うためのタイプである。

先ほどの整数型である「Long」とは逆に、計算処理には不向きなデータ型である。また、整数型とは異なり、文字型の場合、変数を宣言した時点では、初期値に何か文字が記憶されることはなく、空っぽの状態である。

Date 型

読み方は「デイト」である。これは、読んで字のごとく日付型である。

「西暦100年1月1日0:00:00」から「西暦9999年12月31日23:59:59」までの日付と時刻を扱うことが可能なデータ型である。日付型の場合、変数を宣言した時点で、初期値として自動的に「1899/12/30 00：00：00」の日付と時間が記憶される。

これはＶＢＡの仕様である。日付型は、「何日後」や経過時間などを計算したり表現したりするには便利なデータ型である。

ただし、存在しない日付や時間を扱うことはできない。

例えば、日付型である「Date」を指定した変数に「2017年2月30日」を記憶させようとしても、実在しない日付であるため、プログラムとして正常に動かない。

Boolean 型

これは英単語として見慣れない言葉かもしれない。読み方は「ブーリアン」といったり、「Bool」だけ取って「ブール」と読んだりもする。

このデータ型は○か×の二択しかない。実際のプログラミングでは、○のことを「True」、×のことを「False」と書く。「True」は文字通り「真」であることを表し、「False」は「偽」であることを表している。

本書の事例（プログラム）には出てこないが、他にも「0.1234」などの小数点以下の数値が扱える、小数点数型の「Single」や「Double」というデータ型もある。こういうデータ型もあることを頭の片隅にでも入れておくとよいだろう。

変数名のマイルール

ここでは変数の名前の付け方について、私なりのマイルールを紹介しようと思う。
私が変数の名前を付ける際に気にかけていることは、次の点が読み取れるような名前にする、ということだ。

①その変数が何を表しているのか、見た目で分かるようにする
②どのデータ型を指定した変数か分かるようにする
③変数を使う場面とまったく関係のない名前を付けると混乱するため、避ける

135ページの図3－④を例として解説しよう。

Dim lngLastRow As Long

ここでは「lngLastRow」という名前で変数を宣言している（一文字目は英字「L」の小文

字「l」である）。先頭三文字の「lng」は、データ型である「Long」を省略した小文字三文字ということだ。

その後ろの「LastRow」は、最後の行の番号を表している。「Row」の「R」を大文字にしているのは、単語の意味の切れ目であることを見た目で分かるように表現したためだ。こういう変数の名前にすることで、Long型であり、かつ、最後の行番号を記憶しておくための変数であることを表している。

もし、この変数の名前を「data1」とした場合、いったい何のための変数なのか、変数の名前を見ただけでは分からない。よって、まったく関係のない名前を付けることは避けたほうが好ましいだろう。

他の変数の宣言も見てみよう。

Dim strCellA As String

前述のマイルールに合わせて説明すると、先頭三文字の「str」はデータ型である「String」を省略した小文字三文字。その後ろの「CellA」は、エクセルのA列のセルを表している。

よって、String型であり、かつ、A列のセルの値を記憶しておくための変数であることがわかる。

≫ 変数に値を代入してみる

変数は数値や文字や日付などの値を一時的に記憶しておけるものであるため、変数を宣言しただけでは、何も記憶できていない空っぽの状態であり、何の役にも立たない。

変数を宣言したあとには、変数に数値や文字や日付などの値を記憶させることができるようになる。変数に値を記憶させることを「変数に代入する」という。

ＶＢＡにおいて「変数に代入する」には次のような構文となる。

変数 ＝ 記憶させたい文字や数値などの値

変数の名前、半角スペースを空けて、半角でイコール「＝」、続けて半角スペースを空けて、記憶させたい値を書く。

算数や数学ではイコールを間に挟むと「左辺と右辺が等しい」という意味になるため、「Ｘ ＝ １」と書いた場合、「Ｘは１と等しい」ことを表す。しかし、ＶＢＡのプログラミングでは「左辺の変数に右辺の値を記憶させる」という意味になる。

よって、プログラミングでは「X＝1」と書いた場合、「Xという変数に1という数値を記憶させる」ことを表す。

変数に代入する際の注意点は、変数を宣言したときに指定したデータ型によって、少し書き方が異なる点である。整数型（Long）の変数と、文字型（String）の変数の違いを見ていただきたい。

整数型（Long）を指定して、「suji」という名前の変数を宣言したとする。

Dim suji As Long

この整数型の「suji」という変数に、数字の「5」を代入する場合は次のように書く。

suji = 5

これで、「suji」という変数には数字の「5」が代入されたことになる。

では次に、文字型（String）を指定して、「moji」という名前の変数を宣言したとする。

Dim moji As String

この文字型の「moji」という変数に、カタカナの「アイウエオ」を代入する場合は次のように書く。

moji = "アイウエオ"

これで「moji」という変数にはカタカナの「アイウエオ」の文字が代入されたことになる。

図3－⑤－a

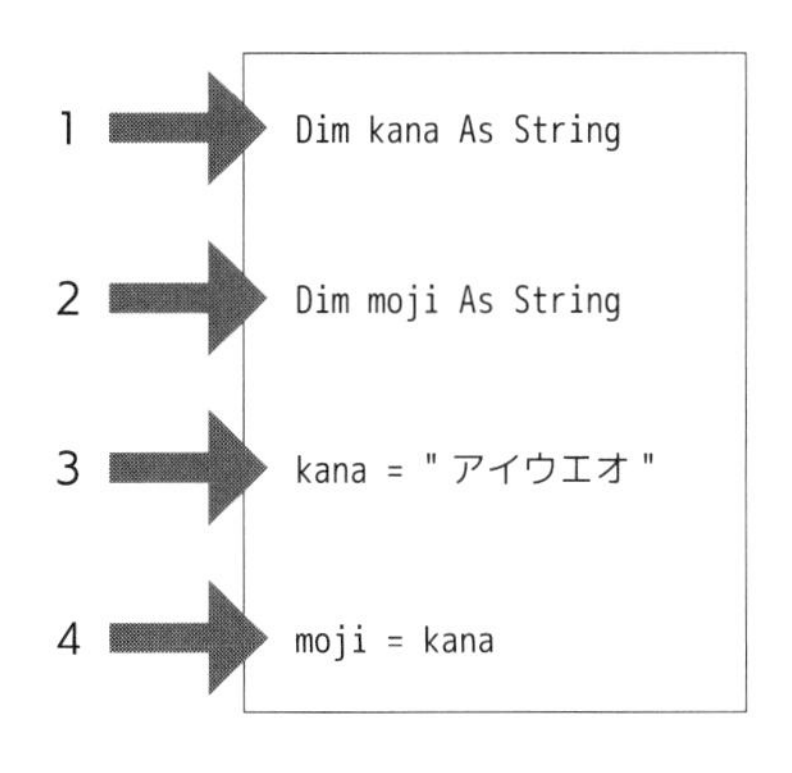

変数「moji」には、「アイウエオ」
という文字が代入される

整数型の変数も、文字型の変数も、どちらも「左辺の変数に右辺の値を記憶させる」という点は変わらない。しかし、文字型の変数に文字を代入する場合は、半角のダブルコーテーション「"」で、代入する値（文字）の前後を挟むように書いている。

VBAでは、ダブルコーテーションで囲んだものは文字として扱われる。よって、文字を変数に代入する場合、ダブルコーテーションで、その文字の前後を挟むように書く必要がある。

ただし、文字型の変数に別の変数を代入する場合は、ダブルコーテーションで囲むようなことはしない。これはどういうことかというと、プログラミングでは、変数には別の変数を代入することができるのだ。

例えば、文字型の変数「moji」に別の文字型の変数「kana」を代入する場合は図3－⑤－aのように書く。

図3－⑤－aの1と2は、文字型の変数を宣言している。変数を宣言しただけなので、まだ二つの変数には何も値が記憶されていない、空っぽの状態である。

図3－⑤－aの3で、文字型の変数「kana」に、文字「アイウエオ」を代入している。この時は文字として「アイウエオ」を代入するため、代入する値をダブルコーテーションで囲んでいる。

この時点で、変数「kana」には「アイウエオ」という文字が記憶されているが、変数「moji」はいまだに何も記憶されていない空っぽの状態である。

図3－⑤－aの4で、変数「moji」に変数「kana」を代入している。この時点で、変数「moji」には、変数「kana」に記憶されている文字「アイウエオ」が代入される。よって、変数「moji」にも「アイウエオ」という文字が記憶されたことになる。

つまり、変数「kana」と、変数「moji」に記憶されている値は、どちらも同じ「アイウエオ」という文字になる。このように、文字型の変数に変数を代入する場合は、ダブルコーテーションで囲まない。

整数型などの他のデータ型でも、変数に別の変数を代入することは可能である。

図3－⑤－b

```
Dim kana As String

Dim moji As String

kana = " アイウエオ "

moji = "kana"
```

変数「moji」には、「kana」
という文字が代入される

プログラミングを書き進めるときに、「あっ、これは前のほうで変数宣言していたな」と気がつけば、新しい変数に前の変数を代入することで、同じことを何度も書き込む手間が省ける。プログラミングではよく使われる方法だ。

変数に変数を代入する使い方を見てもらったが、もし、上の図のように「kana」という文字をダブルコーテーションで囲んでしまうと、英字の「kana」という文字として扱われるため、変数「moji」に記憶されるのは、「kana」という文字になる。

よって、図3－⑤－aでは、変数「moji」に記憶されている文字は「アイウエオ」であり、図3－⑤－bでは、変数「moji」に記憶されている文字は「kana」となるのである。

これがＶＢＡの変数のルールである。

プログラミングの実物で見る変数の代入

ここからは、実際のプログラムを見ながら「変数に代入する」の使い方を見ていこう。図３－⑥のプログラムでは何箇所かで変数に代入をしているため、代表的なところを挙げていく。まず、変数に代入している最初の箇所は次のところとなる。

lngLastRow = ActiveSheet.Cells(Rows.Count, 1).End(xlUp).Row

これは、整数型の変数「lngLastRow」にＡ列セルの値が入力されている最後の行番号を代入している。

代入している右辺の値部分が何をしているのか分かりにくいと思うので、次の操作をエクセルで試していただきたい。

図３－⑥

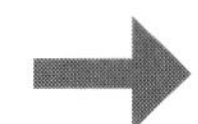

```
Sub MojiHenkan()
  Dim lngLastRow As Long       '最終行の数字型変数
  Dim lngLoopRow As Long       '繰り返し処理用の変数
  Dim lngMojiKensu As Long     '処理件数用の数字型変数
  Dim strCellA As String       'Ａ列セル用の文字型変数
  Dim strCellB As String       'Ｂ列セル用の文字型変数

  'Ａ列に値がある最終行を変数「lngLastRow」へ代入する
  lngLastRow = ActiveSheet.Cells(Rows.Count, 1).End(xlUp).Row

  '１行目から最後の行まで繰り返す
  For lngLoopRow = 1 To lngLastRow
    '変数[strCellA]に、Ａ列ｎ行目(lngLoopRow)を代入
    strCellA = Cells(lngLoopRow, 1).Value
    lngMojiKensu = 0  '変数[lngHenkanKensu]に０(ゼロ)を代入

    If strCellA = "" Or IsNumeric(strCellA) = True Then
      '変数[strCellA]の値が空欄、または、数字の場合、
      '変数[strCellB]に"文字以外"という文字を代入
      strCellB = "文字以外"
    Else
      '変数[strCellA]の値が空欄以外、かつ、数字以外の場合、
      '変数[strCellB]にＡ列セルの値を大文字に変換して代入
      strCellB = UCase(strCellA)
      '変数[lngHenkanKensu]に、＋１を加算した数字で代入
      lngMojiKensu = lngMojiKensu + 1
    End If
    'ｎ行目(lngLoopRow)のＢ列のセルに、記号"⇒"と
    '変数[strCell]の値を結合して、セルに入力
    Cells(lngLoopRow, 2).Value = "⇒" & strCellB
  Next

  '文字を含むセルの件数[lngMojiKensu]をＢ列セルに入力
  Cells(lngLoopRow, 2).Value = "文字のセル数：" & lngMojiKensu
End Sub
```

1　エクセルのシートにA1セルからA5セルまで、何でもいいので文字を入力する

2　A6セルを選択した状態で、キーボードのCtrlキーを押しながら、下向き矢印キー（↓）を押す。すると、A列の最終行の1,048,576行あたりに移動するはずだ。

3　（先ほど移動した）A列の最終行のセルの状態で、今度はCtrlキーを押しながら、上向き矢印キー（↑）を押す。すると、入力されているA5セルに移動する。

ここで、図3-⑥のプログラム右辺の値部分に話を戻すが、前述した3の操作をプログラムに書くと、右辺のとおりになる。

ActiveSheet.Cells(Rows.Count, 1).End(xlUp).Row

このようにプログラムを書くことで、値が入力されているA列の最後のセルの行番号を知ることができるのである。

右辺の「値」部分の一つひとつをもう少し詳しく見ると、次のようになる。

ActiveSheet

エクセルのシートのことである。

Cells(Rows.Count, 1)

Cells はエクセルのセルのことであり、Rows.Count は表示中のシートの最大行数のことである。

セルの場所を指定したい場合は、Cells(行番号，列番号) というように書く。

行番号は、一行目のセルであれば「1」、五行目のセルであれば「5」と、そのまま行番号を書く。少し違うのが列番号だ。エクセルの列はアルファベットでA列と表現するが、Cells を使って列を指定する場合、A列は1列、B列は2列となる。

よって、ここでは「最終行の1列目（A列）のセル」であることを表している。

End(xlUp)

これは、Ctrlキーを押しながら、上向き矢印キーを押して移動した先の、入力されている最後のセルのことである。

Row

Row とは行番号のことである。

以上のことをピリオドでつなげると、次の内容となる。

ー　エクセルのシートの

II　最終行の1列目（A列）のセルで
III　Ctrlキーを押しながら上向き矢印キーを押して移動した先の
IV　最後のセルの行番号

次に文字型の変数に代入している箇所を見ていこう（図3－⑦）。

strCellA = Cells(lngLoopRow, 1).Value

これは、文字型の変数「strCellA」にA列セルの値を代入している。Cellsは先ほど書いたが、その後ろに付いている.Valueは、セルに入力されている値を表している。このようにCells(行番号，列番号).Valueと書くことで、セルに入力されている値を参照し、変数に代入することができる。

ちなみにここでは、文字を直接代入しているわけではないため、ダブルコーテーションで囲んでいない。

次も文字型の変数に代入しているところだが、先ほどとは少し異なる。

図３－⑦

```
Sub MojiHenkan()
  Dim lngLastRow As Long     '最終行の数字型変数
  Dim lngLoopRow As Long     '繰り返し処理用の変数
  Dim lngMojiKensu As Long   '処理件数用の数字型変数
  Dim strCellA As String     'Ａ列セル用の文字型変数
  Dim strCellB As String     'Ｂ列セル用の文字型変数

  'Ａ列に値がある最終行を変数「lngLastRow」へ代入する
  lngLastRow = ActiveSheet.Cells(Rows.Count, 1).End(xlUp).Row

  '１行目から最後の行まで繰り返す
  For lngLoopRow = 1 To lngLastRow
    '変数[strCellA]に、Ａ列ｎ行目(lngLoopRow)を代入
    strCellA = Cells(lngLoopRow, 1).Value
    lngMojiKensu = 0  '変数[lngHenkanKensu]に０(ゼロ)を代入

    If strCellA = "" Or IsNumeric(strCellA) = True Then
      '変数[strCellA]の値が空欄、または、数字の場合、
      '変数[strCellB]に"文字以外"という文字を代入
      strCellB = "文字以外"
    Else
      '変数[strCellA]の値が空欄以外、かつ、数字以外の場合、
      '変数[strCellB]にＡ列セルの値を大文字に変換して代入
      strCellB = UCase(strCellA)
      '変数[lngHenkanKensu]に、＋１を加算した数字で代入
      lngMojiKensu = lngMojiKensu + 1
    End If
    'ｎ行目(lngLoopRow)のＢ列のセルに、記号"⇒"と
    '変数[strCell]の値を結合して、セルに入力
    Cells(lngLoopRow, 2).Value = "⇒" & strCellB
  Next

  '文字を含むセルの件数[lngMojiKensu]をＢ列セルに入力
  Cells(lngLoopRow, 2).Value = "文字のセル数：" & lngMojiKensu
End Sub
```

strCellB = "文字以外"

ここでは、「文字以外」という文字を直接、変数「strCellB」に代入している。文字を代入するため、ダブルコーテーションで囲んでいる。

プログラミングで変数を参照するとは

くどいようだが、変数は数値や文字や日付などの値を一時的に記憶しておけるものである。ただし、変数を宣言して、変数に代入しただけでは、変数に値が記憶されているだけで、何も意味がない。変数は、変数に代入した値を、エクセルのセルに表示させたり、値を加工して他の変数に代入したりと、実際に使わなくては何も意味がないのである。

変数に代入した値を使うことを、「変数を参照する」という。「変数の参照」については、実物のプログラムを見た方が早いと思うので、代表的なところを見ていこう。

まず、図3-⑧の **lngMojiKensu = lngMojiKensu + 1** に書いてあるのは、整数型の変数を使っている箇所である。これは、整数型の変数「lngMojiKensu」に、数字の「1」

図3－⑧

```
Sub MojiHenkan()
  Dim lngLastRow As Long     '最終行の数字型変数
  Dim lngLoopRow As Long     '繰り返し処理用の変数
  Dim lngMojiKensu As Long   '処理件数用の数字型変数
  Dim strCellA As String     'A列セル用の文字型変数
  Dim strCellB As String     'B列セル用の文字型変数

  'A列に値がある最終行を変数「lngLastRow」へ代入する
  lngLastRow = ActiveSheet.Cells(Rows.Count, 1).End(xlUp).Row

  '1行目から最後の行まで繰り返す
  For lngLoopRow = 1 To lngLastRow
    '変数[strCellA]に、A列n行目(lngLoopRow)を代入
    strCellA = Cells(lngLoopRow, 1).Value
```

① 

```
    lngMojiKensu = 0   '変数[lngHenkanKensu]に0(ゼロ)を代入

    If strCellA = "" Or IsNumeric(strCellA) = True Then
      '変数[strCellA]の値が空欄、または、数字の場合、
      '変数[strCellB]に"文字以外"という文字を代入
      strCellB = "文字以外"
    Else
      '変数[strCellA]の値が空欄以外、かつ、数字以外の場合、
      '変数[strCellB]にA列セルの値を大文字に変換して代入
      strCellB = UCase(strCellA)
      '変数[lngHenkanKensu]に、+1を加算した数字で代入
```

② 

```
      lngMojiKensu = lngMojiKensu + 1
    End If
    'n行目(lngLoopRow)のB列のセルに、記号"⇒"と
    '変数[strCell]の値を結合して、セルに入力
    Cells(lngLoopRow, 2).Value = "⇒" & strCellB
  Next

  '文字を含むセルの件数[lngMojiKensu]をB列セルに入力
  Cells(lngLoopRow, 2).Value = "文字のセル数:" & lngMojiKensu
End Sub
```

を足して、左辺の変数「lngMojiKensu」に代入している。つまり、足し算の結果を変数に代入しているのである。例えば、変数「lngMojiKensu」に数字の「5」が代入されている場合、右辺の式は単純な「5+1」という足し算をしていることになる。

そして、その足し算の結果である数字の「6」を、左辺の変数「lngMojiKensu」に代入していることになる。

事例のプログラムでは、矢印①で最初に変数「lngMojiKensu」に、数字の「0」を代入している。よって、この時点では変数「lngMojiKensu」に記憶されている数字は「0」である。その後、矢印②で変数「lngMojiKensu」を使って計算している。この足し算は繰り返し処理が行われる構文の中に書いているため、何回も実行される。そのため、実行されるたびに、変数「lngMojiKensu」にはプラス1ずつ加算された数字（値）が代入される。

つまり、変数「lngMojiKensu」は最初「0」のため、一回目の計算は「0+1」で、計算結果の「1」が変数「lngMojiKensu」に代入される。

繰り返し二回目の計算が実行されると、「1+1」で、計算結果の「2」が変数「lngMojiKensu」に代入される。

繰り返し三回目の計算が実行されると、今度は「2+1」で、計算結果の「3」が変数「lngMojiKensu」に代入される。

このように、変数「lngMojiKensu」をプラス1ずつ増やしていくような使い方もできるのである。

文字型変数の使い方

次に文字型の変数を使っているところを見ていこう。

次ページ図3－⑨の **Cells(lngLoopRow, 2).Value = "⇒" & strCellB** である。

ここでは、文字型の変数「strCellB」に代入されている値をセルに入れている。さらに、整数型の変数「lngLoopRow」もセルの行番号として参照している。

セルに入れられた値は、エクセルのセルで実際に見ることができるようになる。

では、まず左辺から見ていこう。

Cells(lngLoopRow, 2).Value

Cellsはエクセルのセルのことである。前にも書いたが、セルの場所を指定したい場合は、Cells(行番号, 列番号）というように書く。

図３－⑨

```
Sub MojiHenkan()
  Dim lngLastRow As Long      '最終行の数字型変数
  Dim lngLoopRow As Long      '繰り返し処理用の変数
  Dim lngMojiKensu As Long    '処理件数用の数字型変数
  Dim strCellA As String      'Ａ列セル用の文字型変数
  Dim strCellB As String      'Ｂ列セル用の文字型変数

  'Ａ列に値がある最終行を変数「lngLastRow」へ代入する
  lngLastRow = ActiveSheet.Cells(Rows.Count, 1).End(xlUp).Row

  '１行目から最後の行まで繰り返す
  For lngLoopRow = 1 To lngLastRow
    '変数 [strCellA] に、Ａ列ｎ行目 (lngLoopRow) を代入
    strCellA = Cells(lngLoopRow, 1).Value
    lngMojiKensu = 0  '変数 [lngHenkanKensu] に０( ゼロ ) を代入

    If strCellA = "" Or IsNumeric(strCellA) = True Then
      '変数 [strCellA] の値が空欄、または、数字の場合、
      '変数 [strCellB] に " 文字以外 " という文字を代入
      strCellB = " 文字以外 "
    Else
      '変数 [strCellA] の値が空欄以外、かつ、数字以外の場合、
      '変数 [strCellB] にＡ列セルの値を大文字に変換して代入
      strCellB = UCase(strCellA)
      '変数 [lngHenkanKensu] に、＋１を加算した数字で代入
      lngMojiKensu = lngMojiKensu + 1
    End If
    'ｎ行目 (lngLoopRow) のＢ列のセルに、記号 " ⇒ " と
    '変数 [strCell] の値を結合して、セルに入力
    Cells(lngLoopRow, 2).Value = " ⇒ " & strCellB
  Next

  '文字を含むセルの件数 [lngMojiKensu] をＢ列セルに入力
  Cells(lngLoopRow, 2).Value = " 文字のセル数 : " & lngMojiKensu
End Sub
```

整数型の変数「lngLoopRow」はセルの行番号が代入されている変数であるため、ここでは、n行目の2列目（B列）のセルを表している。

「.Value」はセルの値のことを指している。セルを左辺に書くことで、指定した左辺のセルに右辺の値を入れることができる。

続いて、イコールの右辺について説明しよう。

"⇒" & strCellB

この右辺は三つに分けることができる。「"⇒"」と「&」と「strCellB」である。

最初の「"⇒"」は、ダブルコーテーションで囲んでいるため文字として扱われる。

次に「&」は、VBAのプログラミングにおいて、左と右の値を結合する際に使う記号である。

その後ろに書いてある変数「strCellB」は、B列のセルの値が代入されている変数である。

よって、右辺は「⇒」という文字と、変数「strCellB」に代入されている値を結合して、一つの文字にしているのである。

その結合した文字を、左辺のセルに入れている。

例えば、変数「strCellB」に、文字の「あいうえお」が代入されている場合、「⇒」と結合されて「⇒あいうえお」という一つの文字になり、左辺のセルに入れているため、左辺のセルの値が「⇒あいうえお」という文字になる。

このように、プログラミングでは、変数に代入した文字や数字などの値は、「変数を参照して再利用する」ことで、はじめて変数として意味を成すのである。

第4章

プログラミングの実物で「関数」「演算子」「選択・反復構造」を学ぼう

プログラミングの実物で見る関数

プログラミングの基本知識としては、第3章で述べた「変数」「順次構造」のほかに、「関数」「演算子」「選択構造」「反復構造」がある。

ここでは、まず「関数」について見ていこう。「関数」とは、大雑把に言ってしまうと、算数や数学で習った関数と似たものと思ってもらえればよい。

数学で習うy=f(x)という数式の場合、関数「f」に、値「x」を受け渡し、変換した結果の値「y」を導き出す。プログラミングにおける関数も、関数に値を受け渡し、値を変換して結果を返すことが基本である。

ただし、プログラミングにおける関数が、数学で習う関数と大きく異なるのは、扱えるものが数字だけではなく、様々な文字や日付なども扱える点である。

プログラミングで使える関数は、エクセルにある関数と同じようなものである。例えば、エクセルでよく使われる「SUM」関数は、指定した範囲のセルの合計値を算出してくれる関数である。数式で表すと次のようになる。

合計値＝SUM（セルの範囲）

関数「SUM」に値である「セルの範囲」を受け渡し、変換（合計）した結果の値である「合計値」を導き出していることになる。このように、関数「SUM」を使うことによって、わざわざ値を一つずつ足していく必要がないため、大変便利で手間が省ける。

また、プログラミングにおける関数では、関数に渡す値のことを「引数（ひきすう）」と言い、導き出した結果の値を「戻り値（もどりち）」と言う。エクセルのSUM関数を例にとると、次の通りである。

合計値＝SUM（セルの範囲）

①合計値・・・戻り値
②SUM・・・関数
③セルの範囲・・・引数

VBAにおける基本的な関数の使い方（書き方）は、関数の名前の後に（　）を書いて、かっこの中に引数である値を書く。次のような構文となる。

関数の名前（引数である値）

ただし、使える引数の種類は関数ごとに異なるため、エクセルＶＢＡのマニュアル（https://msdn.microsoft.com/ja-jp/library/office/mt670624.aspx）などを見て確認してほしい。

変数に代入して使う関数

それでは、基本的な関数の使い方を実物のプログラムで見ていこう。

図４－①　**strCellB = UCase(strCellA)**

これは、ＶＢＡの関数である「UCase」が使われている。strCellB は変数だ。

この「UCase」という関数は、引数の値（文字）を、大文字に変換し、変換した文字を戻り値（結果）とする関数である。

例えば、引数である変数「strCellA」に「abcd」という英文小文字が代入されている場合、戻り値は大文字に変換された文字「ABCD」となる。その戻り値を、変数である「strCellB」に代入しているのである。このように、イコール「=」の左辺に変数を書き、右

図４－①

```
Sub MojiHenkan()
  Dim lngLastRow As Long     '最終行の数字型変数
  Dim lngLoopRow As Long     '繰り返し処理用の変数
  Dim lngMojiKensu As Long   '処理件数用の数字型変数
  Dim strCellA As String     'Ａ列セル用の文字型変数
  Dim strCellB As String     'Ｂ列セル用の文字型変数

  'Ａ列に値がある最終行を変数「lngLastRow」へ代入する
  lngLastRow = ActiveSheet.Cells(Rows.Count, 1).End(xlUp).Row

  '１行目から最後の行まで繰り返す
  For lngLoopRow = 1 To lngLastRow
    '変数 [strCellA] に、Ａ列ｎ行目 (lngLoopRow) を代入
    strCellA = Cells(lngLoopRow, 1).Value
    lngMojiKensu = 0  '変数 [lngHenkanKensu] に０（ゼロ）を代入

    If strCellA = "" Or IsNumeric(strCellA) = True Then
      '変数 [strCellA] の値が空欄、または、数字の場合、
      '変数 [strCellB] に " 文字以外 " という文字を代入
      strCellB = " 文字以外 "
    Else
      '変数 [strCellA] の値が空欄以外、かつ、数字以外の場合、
      '変数 [strCellB] にＡ列セルの値を大文字に変換して代入
      strCellB = UCase(strCellA)
      '変数 [lngHenkanKensu] に、＋１を加算した数字で代入
      lngMojiKensu = lngMojiKensu + 1
    End If
    'ｎ行目 (lngLoopRow) のＢ列のセルに、記号 " ⇒ " と
    '変数 [strCell] の値を結合して、セルに入力
    Cells(lngLoopRow, 2).Value = " ⇒ " & strCellB
  Next

  '文字を含むセルの件数 [lngMojiKensu] をＢ列セルに入力
  Cells(lngLoopRow, 2).Value = " 文字のセル数：" & lngMojiKensu
End Sub
```

辺に関数を書けば、関数の戻り値が変数に代入される。

また、引数は変数も使えるし、ダブルコーテーションで囲んだ状態の文字を直接書くことも可能である。変数の文字型のところでも説明したように、文字をダブルコーテーションで囲むと、文字として扱われる。

よって、次のように書いても、戻り値は同じ「ABCD」となり、引数に変数を使った場合と同じである。

strCellB = UCase("abcd")

VBAの関数である「UCase」に関する豆知識をひとつ紹介しておこう。

大文字に変換される文字は、英字の小文字であるが、英字の小文字以外を引数の値に含めた場合は、そのまま戻り値となる。

つまり、「aBあ1c」というように、数字やひらがな、大文字や小文字が混在した文字を引数とした場合、戻り値は「ABあ1C」となる。英字の小文字は大文字に変換されて、他の文字はそのままである。

選択構造の中での関数の使い方

関数の使い方として、ここまで関数の戻り値（結果）を変数に代入する方法について述べてきたが、関数には別の使い方もある。

次は、選択構造の中で使っている関数を見てみよう。選択構造とは、第1章で述べたとおり、「もし○○だった場合、この処理を行う」というように、処理の選択（分岐）を可能にする構造のことだ。この「選択構造」であることを示すのが「If」である。

図4－②　**If strCellA = “” Or IsNumeric(strCellA) = True Then**

ここで使われている関数は**IsNumeric(strCellA) = True**という部分である。ここでは、VBAの関数である「IsNumeric」を使っている。

この「IsNumeric」という関数は、引数の値が数値なのかを戻り値として教えてくれる関数である。この関数の戻り値はBoolean型（ブール型）であり、引数が数値であれば、真であることを表す「True」が戻り値となり、引数に文字などの数値以外が含まれている場合は、偽であることを表す「False」が戻り値となる。

図４－②

```
Sub MojiHenkan()
  Dim lngLastRow As Long     '最終行の数字型変数
  Dim lngLoopRow As Long     '繰り返し処理用の変数
  Dim lngMojiKensu As Long  '処理件数用の数字型変数
  Dim strCellA As String     'Ａ列セル用の文字型変数
  Dim strCellB As String     'Ｂ列セル用の文字型変数

  'Ａ列に値がある最終行を変数「lngLastRow」へ代入する
  lngLastRow = ActiveSheet.Cells(Rows.Count, 1).End(xlUp).Row

  '１行目から最後の行まで繰り返す
  For lngLoopRow = 1 To lngLastRow
    '変数[strCellA]に、Ａ列ｎ行目(lngLoopRow)を代入
    strCellA = Cells(lngLoopRow, 1).Value
    lngMojiKensu = 0  '変数[lngHenkanKensu]に０(ゼロ)を代入

    If strCellA = "" Or IsNumeric(strCellA) = True Then
      '変数[strCellA]の値が空欄、または、数字の場合、
      '変数[strCellB]に"文字以外"という文字を代入
      strCellB = "文字以外"
    Else
      '変数[strCellA]の値が空欄以外、かつ、数字以外の場合、
      '変数[strCellB]にＡ列セルの値を大文字に変換して代入
      strCellB = UCase(strCellA)
      '変数[lngHenkanKensu]に、＋１を加算した数字で代入
      lngMojiKensu = lngMojiKensu + 1
    End If
    'ｎ行目(lngLoopRow)のＢ列のセルに、記号"⇒"と
    '変数[strCell]の値を結合して、セルに入力
    Cells(lngLoopRow, 2).Value = "⇒" & strCellB
  Next

  '文字を含むセルの件数[lngMojiKensu]をＢ列セルに入力
  Cells(lngLoopRow, 2).Value = "文字のセル数：" & lngMojiKensu
End Sub
```

例えば、引数である変数「strCellA」に「100」が代入されている場合、数値と判断できるため、戻り値は「True」となる。逆に、変数に「abc」が代入されていれば、数値ではないため戻り値は「False」となる。

ここでは、選択構造の「If」の条件として「IsNumeric」関数を使っているため、**IsNumeric(strCellA) = True** という条件の内容は、「もし、IsNumeric関数の戻り値がTrueと同じ場合」という意味になる。つまり、「もし、引数であるstrCellA変数の値が数値の場合」ということを表している。

また、「IsNumeric」関数も「UCase」関数と同様に、引数に変数も使えるし、ダブルコーテーションで囲んだ状態の文字を直接書くこともできる。よって、次のように書いても中は数字のみなので戻り値は「True」となる。

IsNumeric（"100"）

ここでは二つの関数を挙げたが、ＶＢＡだけでもプログラミングにおける関数は他にも様々ある。詳しいことを知りたい場合は、エクセルＶＢＡのマニュアルを参照するとよい。すべて覚える必要はないが、関数を使う場合は、引数は何か、戻り値はどのような結果となるのかを確認してから使うようにすれば、自然と身についていくだろう。

プログラミングの実物で見る選択構造

プログラミングでは、「この場合こうしたい」、または「これ以外の時はこうしたい」というように、特定の条件の時にだけ実行させたい処理もあれば、条件によって処理の内容を変えたいこともある。

プログラミングをやってみると分かるが、条件によって処理を選択・分岐させたい場面は至るところで出てくるだろう。

「この場合こうしたい」を実現できるのが「選択構造」と言われるプログラミング手法であり、順次構造と同様にプログラミングの基本となる。

では、どのように条件を与えて処理を選択させるのか。VBAでは「If」を使い、処理を選択・分岐することができる。

まず「If」の基本的な構文として次ページの図を見てほしい。

図４－③

■Ifの基本的な構文

```
If 条件式 Then

    ※条件式と一致する場合に実行させたい処理

Else

    ※条件式と一致しない場合に実行させたい処理

End If
```

■例えば、
A1セルに10より大きい数字が入力されている場合は、B1セルに「大きい」と表示し、
A1セルに10以下の数字が入力されている場合は、B1セルに「小さい」と表示させたいときは、
下図のような「If」の構文を書けば実現できる

```
If Ａ１セルの値 ＞ 10 Then

    Ｂ１セルに「大きい」を表示する処理

Else

    Ｂ１セルに「小さい」を表示する処理

End If
```

ＶＢＡの「If」の規則として、「If」の後ろには半角スペースを空け、条件式を書く。続けて半角スペースを空け、最後に「Then」を書く。この最後に「Then」を書くことも、ＶＢＡの規則である。

そして、「If」の下の行から「Else」の上の行までの間には、「If」のところで書いた条件に一致する場合に実行させたい処理のプログラムを書く。

「Else」の下の行から「End If」の上の行までの間には、「If」のところに書いた条件に一致しない場合に実行させたい処理のプログラムを書く。

「If」の有効範囲を締めくくるのは、「End If」である。「End」の後に続けて半角スペースを空け、「If」を書く。

以上が基本的なＶＢＡの「If」の規則である。

では、実際のプログラムで見ていこう。事例のプログラムでは、「If」以外のプログラミングの基本である変数や関数なども含まれているが、それらについては今まで書いてきた通りである。

図４－④のプログラムでは、「If」は次の部分である。

If strCellA = “” Or IsNumeric(strCellA) = True Then

図４－④

```
Sub MojiHenkan()
  Dim lngLastRow As Long     '最終行の数字型変数
  Dim lngLoopRow As Long     '繰り返し処理用の変数
  Dim lngMojiKensu As Long   '処理件数用の数字型変数
  Dim strCellA As String     'Ａ列セル用の文字型変数
  Dim strCellB As String     'Ｂ列セル用の文字型変数

  'Ａ列に値がある最終行を変数「lngLastRow」へ代入する
  lngLastRow = ActiveSheet.Cells(Rows.Count, 1).End(xlUp).Row

  '１行目から最後の行まで繰り返す
  For lngLoopRow = 1 To lngLastRow
    '変数[strCellA]に、Ａ列ｎ行目(lngLoopRow)を代入
    strCellA = Cells(lngLoopRow, 1).Value
    lngMojiKensu = 0  '変数[lngHenkanKensu]に０(ゼロ)を代入
```

```
    If strCellA = "" Or IsNumeric(strCellA) = True Then
      '変数[strCellA]の値が空欄、または、数字の場合、
      '変数[strCellB]に"文字以外"という文字を代入
      strCellB = "文字以外"
```

```
    Else
      '変数[strCellA]の値が空欄以外、かつ、数字以外の場合、
      '変数[strCellB]にＡ列セルの値を大文字に変換して代入
      strCellB = UCase(strCellA)
      '変数[lngHenkanKensu]に、＋１を加算した数字で代入
      lngMojiKensu = lngMojiKensu + 1
```

```
    End If
    'ｎ行目(lngLoopRow)のＢ列のセルに、記号"⇒"と
    '変数[strCell]の値を結合して、セルに入力
    Cells(lngLoopRow, 2).Value = "⇒" & strCellB
  Next

  '文字を含むセルの件数[lngMojiKensu]をＢ列セルに入力
  Cells(lngLoopRow, 2).Value = "文字のセル数：" & lngMojiKensu
End Sub
```

この If strCellA = "" Or IsNumeric(strCellA) = True Then の行は、次のように分解することができる。

① If

② strCellA = "" Or IsNumeric(strCellA) = True

③ Then

最初の①と最後の③は、ここまで説明してきたように「If」を書くときの規則である。間にある②は長く見えるが、この部分がすべて条件式である。この条件式には、実は二つの条件式が書いてある。②の条件式は、分解すると次のようになる。

②－イ strCellA = ""

②－ロ Or

②－ハ IsNumeric(strCellA) = True

この3つのうち、イとハが条件であり、ロの「Or」は、イとハを「または」という意味で繋げている「演算子」といわれるものである。

演算子についてはこの後で詳しく説明するが、ここでは「イまたはハ」という意味であると理解してもらえばよい。

イの条件は、「strCellA」という変数には値がないということを意味する。

ハの条件は、「strCellA」という変数の値が数字のみであることを意味する。

よって、If strCellA = “” Or IsNumeric(strCellA) = True Then とプログラミングされた「If」の意味を日本語にしてみると、次のようになる。


変数「strCellA」に値がない（空欄）、または、数字のみである場合

そして、この条件に一致する場合は、「If」の下の行から「Else」の上の行までの間に書いてあるプログラムが実行される。

逆に、変数「strCellA」に文字が含まれている場合は、**「値がない、または、数字のみ」**という条件に一致しないため、「Else」の下の行から「End If」の上の行までの間に書いてあるプログラムが実行される。

条件によって、次に進む処理の内容が変わってくるのが選択構造「If」なのである。

図4－④のプログラムのように、「If」に書くことができる条件式は一つとは限らない。演算子を使うことにより、二つ、三つと複数の条件を組み合わせることも可能なのである。

プログラミングの実物で見る演算子

算数や数学における「演算」とは、足し算や引き算などの計算をすることを指すが、プログラミングにおける「演算」とは、計算をすること以外にも、変数に値を代入したり、選択構造で説明した「≠」のように比較したりすることも指す。

そして、「演算子」とは、演算で使う記号のことを指す。演算子には様々な種類があるため、順番に見ていこう。

代入演算子

第3章の変数の代入のところで説明したように、変数に値を代入する場合、イコール「=」を使い、左辺の変数に右辺の値を代入する。この、変数に値を代入する際に使うイコール「=」の記号を「代入演算子」という。

代入演算子は、算数や数学のイコール「＝」や、比較演算子のイコール「＝」とは異なり、A＝Bは変数Bの値を変数Aに代入することを意味する。

算術演算子

算術演算子とは、「＋」「－」「×」「÷」のように、計算に使う記号のことを指す。しかし、プログラミングで使う記号は少し異なる。VBAでは、「×」は「＊」、「÷」は「／」と書く。
また、プログラミングでは足し算を次のように書く。

X＝A＋B

これは、変数Aに代入された値と、変数Bに

図4－⑤

演算子	内容	VBAの例	式の例	結果
+	足し算	X = A + B	1 + 2	3
-	引き算	X = B - A	2 - 1	1
＊	掛け算	X = B ＊ C	2 ＊ 3	6
/	割り算	X = D / B	8 / 2	4
Mod	割り算の余り	X = D Mod C	8 Mod 3	2

それぞれの変数には以下の値が代入されているものとする。

変数A = 1
変数B = 2
変数C = 3
変数D = 8

代入された値を足した結果の値を、変数Xに代入しているという意味だ。

比較演算子

比較演算子とは、「AはBより大きい」や「AはB以下」、「AとBは等しい」というように、二つの変数や値を比較するときに使う記号のことを指す。

比較した結果は、Boolean型（ブール型）として、真であるTrue、または偽であるFalseのどちらかが表示される。

たとえば、変数Aに数字の3が代入されていて、変数Bに数字の1が代入されている場合、**A＞B**という比較演算子では、「AはBより大きい」という式で正しいので、結果は「True」となる。

このような比較が簡単にできるため、比較演算子は、選択構造の「if」の条件式ではよく使われる演算子である。

また、変数や関数がそうであったように、演算子も数字だけではなく、文字や日付等さまざまな値に対して使うことができる。

図4－⑥

式の内容が合っている場合は、結果が「True」となり、合わない場合は「False」となる

演算子	内容	VBAの例		
=	左辺と右辺は等しい	A = C	1 = 1	True
		A = B	1 = 2	False
<>	左辺と右辺は等しくない	A <> B	1 <> 2	True
		A <> C	1 <> 1	False
>	左辺は右辺より大きい	B > A	2 > 1	True
		A > B	1 > 2	False
>=	左辺は右辺以上	B >= A	2 >= 1	True
		B >= D	2 >= 2	True
		A >= B	1 >= 2	False
<	左辺は右辺より小さい	A < B	1 < 2	True
		B < A	2 < 1	False
<=	左辺は右辺以下	A <= B	1 <= 2	True
		B <= D	2 <= 2	True
		B <= A	2 <= 1	False

それぞれの変数には以下の値が代入されているものとする。

変数A = 1
変数B = 2
変数C = 1
変数D = 2

論理演算子

論理演算子とは、「AかつB」や「AまたはB」、「〜ではない」というように、複数の条件を組み合わせるようにして使えるものである。

代表的な論理演算子としては、「And」と「Or」と「Not」がある。

「And」は論理積と言われるもので、「条件Aかつ条件B」のことを指す。

「Or」は論理和であり、「条件Aまたは条件B」のことである。

「Not」は論理否定と言い、「条件Aではない」というように、ある条件を否定する形で使うことができる。

このように複数の条件を組み合わせて使えるため、選択構造の「If」の条件式でよく使われる演算子である。

論理演算子の例を表にまとめておく。

図4－⑦

演算子	内容	VBAの例	式の例	結果
And	条件Aかつ条件B	A = 1 And B > 1	1 = 1 And 2 > 1	True
		A = 1 And C > 1	1 = 1 And 1 > 1	False
		B = 1 And D > 1	2 = 1 And 2 > 1	False
Or	条件Aまたは条件B	A = 1 Or B > 1	1 = 1 Or 2 > 1	True
		A = 1 Or C > 1	1 = 1 Or 1 > 1	True
		B = 1 Or A > 1	2 = 1 Or 1 > 1	False
Not	条件Aではない	Not A = 1	Not 1 = 1	False
		Not B = 1	Not 2 = 1	True

- 「And」は両方の条件が満たされている場合に結果がTrueとなる。
- 「Or」はどちらかの条件が満たされている場合に結果がTrueとなる。
- 「Not」は条件が満たされている場合にFalseとなる。

それぞれの変数には以下の値が代入されているものとする。

変数A = 1
変数B = 2
変数C = 1
変数D = 2

プログラミングの実物で見る反復構造

同じ処理を何回か実行したい場合、それを何回も書くのは面倒だし、かなりの手間となってしまう。

そこで、**書いた処理を繰り返し実行するとき、同じ処理を何回も書く手間を省けるのが「反復構造」というプログラミングのルールである。**

VBAでは、処理を繰り返し実行させる際に「For」がよく使われる。この「For」には、「Next」が対となって必ず付いていなければならない。そして、繰り返したい処理は「For」と「Next」の間に書かなければならない。

書き出しとなる「For」の構文は**For 変数 = 初期値 To 最終値**となる。

「For」のところに書いてある「変数」の値は、「初期値」からスタートし、繰り返し処理が行われる度にプラス1ずつ増えていく。そして、「変数」の値が「初期値」から「最終値」になるまで「For」と「Next」の間に書いてある処理が繰り返し実行される。

図4－⑧

図：Forの構文
変数が初期値からスタートし、最終値になるまでForとNextの間に書いた処理が実行される。
変数が最終値になるまで繰り返されたら、Nextの下に書いてある処理が実行される。

```
For 変数 = 初期値 To 最終値

    ※繰り返したい処理その1
    ※繰り返したい処理その2

Next

※繰り返しが終わった後に実行する処理
```

最終的には「変数」の値が「最終値」まで加算されたら「For」の役目は終わり、繰り返し処理から解放され、「Next」の下の行に書いた処理へと進むのである。

仮に「For」の「初期値」を数字の「1」、「最終値」を数字の「10」と書けば、「1」からスタートし「2」「3」「4」「5」「6」「7」「8」「9」とプラス1ずつ増えてゆき、「10」になるまで「For」と「Next」の間に書いた処理が繰り返される。

要するに、「For」と「Next」の間に書いてある処理が10回実行されるのだ。

例えば、エクセルのA列のセルの値をB列のセルにコピーする処理があるとして、それを1行目から10行目まで実行したい場合、同じような処理を10行も書かなければならない。

図4－⑨

■Forを使ったプログラミング

```
For N = 1 To 10

    ※A列のN行目のセルをB列のn行目のセルにコピーする処理

Next
```

■Forを使わないプログラミング

```
※A列の1行目のセルをB列の1行目のセルにコピーする処理

※A列の2行目のセルをB列の2行目のセルにコピーする処理

※A列の3行目のセルをB列の3行目のセルにコピーする処理

※A列の4行目のセルをB列の4行目のセルにコピーする処理

※A列の5行目のセルをB列の5行目のセルにコピーする処理

※A列の6行目のセルをB列の6行目のセルにコピーする処理

※A列の7行目のセルをB列の7行目のセルにコピーする処理

※A列の8行目のセルをB列の8行目のセルにコピーする処理

※A列の9行目のセルをB列の9行目のセルにコピーする処理

※A列の10行目のセルをB列の10行目のセルにコピーする処理
```

そこで、「For」を使って、A列のN行目のセルの値をB列のn行目のセルにコピーするようにすれば、同じ処理を10個も書く必要がなくなるのである。


では、VBAにおける「For」～「Next」の細かい規則を書いておこう。

まず「For」の一文字目の「F」は半角大文字で、その後に半角小文字の「or」が続く。そして、「For」の後ろに半角スペースを空け、「変数」を書く。

続けて、半角スペース、記号のイコール「=」、半角スペース、「初期値」を書く。

その後ろにくる「To」の一文字目の「T」は半角大文字、「o」は半角小文字である。

最後に半角スペースを空けて、「最終値」を書く。

そして、「For」の下の行から「Next」までの間に繰り返したい処理を書く。

この「Next」の一文字目の「N」は半角大文字で、その後は半角小文字で「ext」とする。

これがVBAの規則である。


では、実際にサンプルプログラムを見てみよう。

図4－⑩のプログラムでは、反復構造である「For」と「Next」の間に、選択構造である「If」が書かれている。このように、反復構造である繰り返し処理の中に、選択構造である

図４－⑩

```
Sub MojiHenkan()
  Dim lngLastRow As Long     '最終行の数字型変数
  Dim lngLoopRow As Long     '繰り返し処理用の変数
  Dim lngMojiKensu As Long   '処理件数用の数字型変数
  Dim strCellA As String     'Ａ列セル用の文字型変数
  Dim strCellB As String     'Ｂ列セル用の文字型変数

  'Ａ列に値がある最終行を変数「lngLastRow」へ代入する
  lngLastRow = ActiveSheet.Cells(Rows.Count, 1).End(xlUp).Row

  '１行目から最後の行まで繰り返す
  For lngLoopRow = 1 To lngLastRow
    '変数[strCellA]に、Ａ列ｎ行目(lngLoopRow)を代入
    strCellA = Cells(lngLoopRow, 1).Value
    lngMojiKensu = 0  '変数[lngHenkanKensu]に０(ゼロ)を代入

    If strCellA = "" Or IsNumeric(strCellA) = True Then
      '変数[strCellA]の値が空欄、または、数字の場合、
      '変数[strCellB]に"文字以外"という文字を代入
      strCellB = "文字以外"
    Else
      '変数[strCellA]の値が空欄以外、かつ、数字以外の場合、
      '変数[strCellB]にＡ列セルの値を大文字に変換して代入
      strCellB = UCase(strCellA)
      '変数[lngHenkanKensu]に、＋１を加算した数字で代入
      lngMojiKensu = lngMojiKensu + 1
    End If
    'ｎ行目(lngLoopRow)のＢ列のセルに、記号"⇒"と
    '変数[strCell]の値を結合して、セルに入力
    Cells(lngLoopRow, 2).Value = "⇒" & strCellB
  Next

  '文字を含むセルの件数[lngMojiKensu]をＢ列セルに入力
  Cells(lngLoopRow, 2).Value = "文字のセル数：" & lngMojiKensu
End Sub
```

繰り返される処理

「If」を書くことも可能なのである。

事例プログラムの「For」は、次が始まりの部分となる。

For lngLoopRow = 1 To lngLastRow

ここは次のように分解できる。

① For

② lngLoopRow = 1

③ To

④ lngLastRow

①はここまで説明したように、「For」の構文が始まることを示している。

②は変数である「lngLoopRow」の初期値が「1」ということを表している。

③は決まりごとである「To」のため、必ず書かなければならない。

そして最後に変数「lngLoopRow」のゴールとなる最終値が書いてある。

この最終値の「lngLastRow」は変数であり、A列のセルの中で値が入力されている最後のセルの行番号が記憶されている。よって、ここの「For」では、（A列の）一行目から最後の行まで繰り返し処理を実行するという意味になる。

「For」の後ろに書いてある変数「lngLoopRow」は、「1」からスタートし、処理が繰り返されるたびに「2」「3」「4」「5」……と増えていき、最後のセルの行番号まで「For」と「Next」の間に書いてある処理が実行される。

変数「lngLoopRow」が最終値になるまで繰り返し処理が行われた後は、「Next」の下の行にある次のプログラムへと進むことになる。

Cells(lngLoopRow, 2).Value = "文字のセル数：" & lngMojiKensu

つまり、「最後の行の1つ下のB列セルに、文字を含むセルの件数を記憶している変数「lngMojiKensu」の値をセルに入れる」という処理が実行されるのである。

主なプログラミング言語一覧

プログラミング言語	特徴
C	40年以上の歴史があり、他言語に与えている影響も大きい。現在もOSの開発や家電製品などの機械制御に使われることが多いため、OSやコンピューターの理解を深めることができる。
C#	マイクロソフト社が開発したプログラミング言語で、小規模から大規模までのシステムやゲーム、アプリ開発、最近の流行りであるVRにも使われている。
C++	Cを拡張した言語であり、CでできるものはC++でもできる。ロボットや電化製品等の機械制御、業務システム、ゲームなど幅広く使える。
COBOL	60年近くも歴史があるが、多くの企業の様々なシステムを今でも現役で動かしている。初心者が今から始める言語とは言い難いが、需要はまだ多い。
GO	Googleが開発した、2009年に登場した新しいプログラミング言語であり、人気が上がってきている。初心者にも比較的わかりやすいため、これからも普及していくだろう。
Google Apps Script	Googleが提供するGmailやマップ、翻訳などの様々なサービスを操作すること以外に、組み合わせたりアプリを作ったりすることができる。初心者でも馴染みやすい言語である。
Java	高機能で汎用性が高く、処理速度も速いため、Twitterや金融機関の会計システムなどの大規模なWebサービスやシステムで使われている。スマホのアプリも作ることができる。
JavaScript	主にWebブラウザ上で使われることが多く、Webページに動きをつけることができる。汎用性も高く、初心者でも学びやすい言語である。
Objective-C	C言語をベースにした上位互換のプログラミング言語であり、アップル社のiPhone(iOS)のアプリや、Macのアプリで使われている。
Perl	30年近くも歴史のあるWebサービス向け言語だが、新しい言語が登場し普及してきたため、少しずつ普及率が減少している。
PHP	Wikipediaなど多くのWebサービスや、Webサイトの作成・管理ができるCMS(コンテンツ管理システム)などに使われている。難易度も低めで初心者には始めやすい。
Python	YouTubeやInstagram、FacebookなどのWebアプリのほか、AIなどの人工知能やビッグデータの解析にも長けており注目されている。初心者でも扱いやすい。
R	統計解析向けのプログラミング言語であり、ビッグデータを活用したり、人工知能の機械学習にも使えるため、新規事業やサービス等のマーケティングに長けている。
Ruby	日本人が開発したプログラミング言語であり、Webアプリやスマホアプリ、業務系アプリにも使われていて汎用性も高い。中小規模システムの傾向がある。初心者でも学びやすい言語である。
Rust	2010年に登場した新しい言語であり、安全性、速度、並行性を特徴とした、比較的大規模なシステムに使われる傾向にある。まだ発展段階だが、これからの言語として注目されている。
Scala	Twitterでも使われている、2003年に登場した比較的新しい言語である。Javaをベースとして良いところを継承しているため、これからも広がっていくことが予想されている。
Swift	2014年にアップル社が開発したプログラミング言語であり、iPhone(iOS)をはじめ、アップル社製品のアプリで使われている。iPhoneの市場とともに今後も広がっていくだろう。
VBA	EXCELやWord、PowerPointなどマイクロソフト社製のMicrosoft Officeに最初から搭載されている。初心者でもすぐに始めることができ、難易度も高くない。
VBScript	マイクロソフト社が開発したプログラミング言語であり、Windows上で動かすことができる。初心者に優しく、Windows上であればすぐに動かすことができる。
Visual Basic .NET	マイクロソフト社が開発したプログラミング言語であり、高機能でもあるが、初心者に向いていると言われる。主に業務システムに使われることが多い。

第5章

さらにプログラミングを知りたい人のための勉強法

身近なプログラミングの学習ツールは本とネット

プログラミングに限らず、興味を持った分野や知りたいことを学ぶ入り口として、本は誰もが考える一般的な手段である。

本書はプログラミングの入り口に立っている人に向けて書いているため、もし、より深くプログラミングの世界に入り込もうと思うのであれば、プログラミング言語の初心者向けの入門書を手に取ってもらうのが一番よいだろう。

プログラミングに関する書籍は、書店に行けばたくさんある。ほとんどがプログラミング言語ごとに分かれていて、さらに初心者用から何百ページにもわたる専門書まで、レベルごとにさまざまだ。

ただ、プログラミングの入門書はたくさんあるが、最初は本を選ぶ基準が何もないため、書店でパラパラとページをめくって読んでみても、それで自分のやりたいことができるようになるのか、自分のレベルに合っているのか、選択に大いに迷うことになる。

もし、初心者向けの本を見てもまったく分からないようなら、専門用語が多めで文字ばかりの書籍よりは、画面等の絵や図が多めで、見た目通りに進めていけばプログラミングを体験できてしまう本の方が、プログラミングの世界に入りやすいだろう。

ところが、そこでも注意点がある。

本に掲載されている画面が、あなたが使っているパソコンの画面と見た目が同じかというと、そうとは限らないのだ。

現実にいつも会社で見ているパソコンの画面と、自宅にあるパソコンの画面が違うことがあるだろう。基本は同じなのだが、パソコンを購入した時期でOSが違っていたりするし、デスクトップ画面などいくらでも変更できてしまうからだ。

本は拾い読みでもよい

そのため、本の図版と自分がいつも目にしている自宅のパソコンの画面では、画像が若干異なることがある。その場合、そこで戸惑ってしまい、手が止まってしまうこともあるだろう。

ただ、本に書いてあることを全て知ろうとする必要はない。

書籍も万能ではないため、相当なことを知ってもらうためには、結局のところ専門書に近いものになってしまうからだ。

せっかく買った本が、思ったよりレベルが高くて半分もいかないうちに進まなくなってしまったり、やる気をなくしてしまったりすることもあるだろう。

しかし、そこで挫けることはない。

分かるところだけ見て、体験できることがあれば少し試してみて、なんとなく動かして確認してみるという程度でもよい。あとでもう少しできるようになってから、読み飛ばしたところを振り返ってみることができるのが、本のよい点である。

だんだん分かってくれば、**読み返してみて、再度掲載されているプログラムを試してみることが重要なのだ**。

ほとんどのプログラミングの本には、いろいろなプログラムが掲載されてはいるが、もちろん自分のやりたいことが全て揃っているわけではない。また、本は便利なアイテムではあるが、書かれた時点の情報に基づいているため、最新の情報ではない場合もある。

新しい手法や今の流行にのって書かれている本もあれば、昔ながらの手法で書かれている本もある。用語も、新しい言い方を使っているものもあれば、昔ながらの言い方を使っている場合もある。どちらかと言えば、それは筆者の好みによることが多い。

そのため、本は二冊目、三冊目と、「セカンド・オピニオン」「サード・オピニオン」を読んで比較してみるのがよいだろう。

購入した本を最後まで読み切らないといけないことはない。他に参考にできる本があれば、どんどん参考にしてほしい。

ネットのプログラミング学習サイトは体験学習向き

本による学習法の肝は前述のとおりだが、プログラミングを始めたいと思い立ち、書店に本を探しに行っても、何を買っていいのか判断できない人も多いだろう。ましてや、プログラミングの専門書は決して安くないため、何冊も買うことは勇気もいるし、難しい。

そのような人には、プログラミングの学習サイトという便利なツールがある。

本でプログラミングを学ぶ前に学習サイトを利用してもよいし、本で学んだあとに利用してもよいだろう。

最近では、プログラミングを体験できて学べる学習サイトも増えていて、初心者でも気楽に始められる。

さらに、無料で始められるものが多い点もありがたい。

なかには、無料だと学習できる内容に制限があり、有料で登録すると細かいサービスが受けられるサイトもある。それでも、書籍代より安く済むサイトも多い。始めてみて、楽しかったり分かりやすかったりすれば、途中で有料に切り替えるのもいいだろう。

プログラミング学習サイトは今後さらに増えていき、充実していくことが予想されるため、プログラミングを学ぶことはますます身近になってくるはずだ。

プログラミング学習サイトは種類も豊富で、基本的なことから学べるサイトや、動画で教えてくれるサイト、ゲーム感覚で遊びながらプログラミングを体験できるサイトなど様々である。

扱っているプログラミング言語も主要なものが揃っている。

このような学習サイトを上手に利用すれば、1円も使わずにプログラミングを覚えることもできるだろう。

また、学習サイトは多くの人に長く使ってもらいたいため、学習の成果が目に見えるようになっていたり、ゲームのような作りになっていたりと、プログラミングの学習を続けやすい工夫がなされている。

本と異なるのは、実際にキーボードで操作をしながら進められる点である。多くの学習サイトでは、途中でキーボードを打ってプログラミングするところが出てくる。学習者はプログラミングしないと先に進めないのだ。

プログラミングは、やはり実際にキーボードを使い、プログラミングを実践してみないことには身につかない。体験学習のできることが、ネットの学習サイトのよい点である。

プログラミングしながら学習していくのは、本のページをめくるだけよりも楽しいはずだ。今や通勤電車の中でもタブレット端末があれば学習できるサイトもある。学習サイトは一つの有効な手段といえる。

自分に合った学習サイトの選び方

ただ、至れり尽くせりのように見える学習サイトにも、足りないところは当然ある。全ての学習サイトがそうではないが、学習サイトは繰り返しやってみることが容易ではなかったり、より詳しいことを簡単に調べられなかったりもする。また、どういう内容なのか、どれが自分に合っているのか、やってみないことには分かりにくいこともある。

そこで、初心者でも始められる、よく見る学習サイトを簡単に紹介しておこう。詳しいことはご自分の目で確認していただきたい。

Scratch（スクラッチ）・・・・子供向けのプログラミング学習サイト
https://scratch.mit.edu/

Progate（プロゲート）・・・・学べる言語も豊富でブラウザ上で学習できる
https://prog-8.com/

CODEPREP（コードプレップ）・・・・穴埋め形式の問題を解きながら学習できる
https://codeprep.jp/

CodeMonkey（コードモンキー）・・・・ゲーム感覚でプログラミングが学べる
https://codemonkey.jp/

ドットインストール・・・・動画を見ながら学習するサイト
https://dotinstall.com/

Paiza（パイザ）・・・・動画で説明を見ながら問題を解いていく
https://paiza.jp/

ネットで情報をうまく引き出す

本だけでプログラミングを実践してみるのもよいだろうし、学習サイトだけを利用するのも悪くはないが、本と学習サイトを併用していけば、よりプログラミングのスキルアップを図ることができる。ぜひ自分に合うものを見つけて実践していってほしい。

要はいいとこ取りである。

また、インターネット上には、学習サイトだけではなく、個人や会社がブログ等でプログラミングの手法や情報を掲載していることが多い。現役のプログラマーが、覚えた知識をメモ代わりにブログに書いていたり、プログラミングを勉強中の人が、自分で悩んだ末に解決した内容を書いていたりするのだ。

本人にとっては備忘録のひとつだろうが、今はそのような情報がインターネットに溢れているため、すぐに調べて、自分の知識とすることができる。

ただし、どのように検索すればいいのか分からない人もいるだろう。

そういう人は、Google 等の検索サイトで、自分が勉強中のプログラミング言語を入力し、後ろにスペースを空けて、知りたい内容を入力して検索すれば、だいたい参考となる情報が見つかるはずだ。

他にも、分からない関数が出てくれれば、後ろに関数の名前を入力して検索すればよい。序章でご紹介した通り、検索したいキーワードでヒット件数が多すぎたら、「" "」(ダブルコーテーション)で囲めばかなりピンポイントで有効な情報が出てくるはずだ。

例えば、勉強中のVBAで、エクセルを操作する方法を知りたければ、検索サイトで「"vba" "エクセル操作"」と打ち込んで検索すれば、検索結果が相当絞られて出てくる。

本書ではあまり詳しくご紹介できなかったが、AND、OR、NOTなどの演算子を検索エンジンで使いこなせれば、プログラミングの演算子を制覇したと思っていいだろう。

このように、本と学習サイトだけではなく、インターネットを有効活用すれば、プログラミングに関する情報は簡単に手に入れられる。いろいろと試してみて、検索による調べ方も覚えると、かなり楽になる。

プログラミングのスクールを利用する

これまで書いてきたように、プログラミング学習用の本や学習サイトはたくさんあり、インターネットにも情報が溢れている。独学でプログラミングを学べる環境が整っているため、プログラミングをマスターすることは夢ではない。

本や学習サイトの場合は、ひとまず自分で考えて、自分で答えを探し出さなければならない。しかし、本や学習サイトでは人に聞ける機会がない。

職場や知り合いにプログラミングができる人がいて、気軽に質問できる仲であればよいが、そういう人が周りにいない場合は、インターネットの掲示板に質問を書き込むのも一つの手段だ。

ただ、やはりプログラミングを教えている人に直接聞いて教えてもらったほうが、効率も良いし、分かりやすいだろう。

本や学習サイト以外にプログラミングを学ぶ手段として、プログラミング学習スクールがある。

ここでは、スクールに通うメリットとデメリットを紹介したい。

スクールが本や学習サイトと一番大きく違うのは、講師に直接聞いて教えてもらえる点である。わからないことや知りたいことを講師に質問すれば、その場で教えてもらえる。

自分で作ったプログラムが思い通りに動かなかった場合、どこを間違えていて、どうすればいいのか、講師からヒントをもらったり、教えてもらったりしながら解決していくことができる。

しかも、スクールで教えている講師は、だいたいがプログラマー経験者で、仕事でプログラミングに携わっていた人である。そのため、仕事に役立つプログラミングを教わることもできる。講師がＩＴ業界の人で、親切な人であれば、他のＩＴ知識も教えてもらえるチャンスが大いにある。

また、自分一人で調べても、なかなか思う通りにプログラムが動いてくれないと、プログラミングに苦手意識が生まれ、学習意欲も下がってしまいがちとなるが、スクールでは人に聞いて解決できるので、学習するモチベーションを維持しやすい。

独学では、学習を始めたときのモチベーションを維持できないと、次第にプログラミング学習は後回しにしがちだが、スクールに通うようになると、プログラミングを学ぶ習慣ができるため、そういうことにはなりにくい。

スクールのデメリットは経済性と相性

これだけ聞いているとスクールが最良の選択に思えてくるが、やはりデメリットもある。

まず、本や学習サイトを使って学習する場合に比べて、明らかにお金がかかる。

スクール側もわざと高い料金設定にしているわけではなく、設備や人件費等を考慮して適切な金額にしているはずだが、それでも高いと思ってしまうだろう。なかには、せっかく高いお金を払っているのだから、集中してプログラミングを覚えようと、あわてててしまう人もいるだろう。

スクールの利点として、講師に質問できる点を挙げたが、その講師のレベルが低いケースもあり、それを初心者が見抜くことは困難なこともある。

ほとんどの講師は、自分の評価にもつながるため、日々勉強して新しい知識や情報を得ていると思うが、なかには教えてもらったことが古い情報だったり、質問しても曖昧な回答しか返ってこなかったりすることもある。

人間同士だから、なんとなく波長が合わずにコミュニケーションが取りづらいと感じる場合もあるだろう。まずは、無料の体験スクールに一度行ってみてから判断するほうがいいかもしれない。

他にも、スクールのメリットとして、プログラミングを学ぶ習慣ができる点を挙げたが、逆に捉えると、スクールの時間に合わせて仕事や生活をしないといけないため、時間に拘束されることになる。しかし、今のスクールはウェブサイトからある程度自由に時間を組み立てることができるし、自宅でオンライン授業を受けられるサービスも増えているため、あまり気にする必要はなくなってきた。

このようにプログラミング学習スクールは、料金は高いものの、直接教えてもらえて、効率的でモチベーションも維持しやすいため学習方法の一つとして考えてみていいだろう。

プログラミングの上達法はイメージトレーニングと実践

前章までをお読みいただいて、プログラミングとは何か、少しイメージできただろうか。

プログラミングの上達のコツは、イメージしようとすることである。

作ったプログラムが「どのようにして動いているのか」という全体を理解しようとせずに

学習方法のメリット・デメリット

学習方法	メリット	デメリット
本	気軽に始められる	わからないことの理解に時間がかかる
	ちょっとした空き時間でも学べる	ある程度のレベルになるまで時間を要する
	時間や場所に縛られない	自分のレベルが判断しづらい
	子供の頃から本で学習することに慣れているため入りやすい	発売時の情報から更新されない
	学習レベルや進捗を自分で調整できる	
学習サイト	気軽に始められる	パソコンが必要なため場所が制限される
	飽きにくい工夫がされている	質が判断しづらい
	実際にプログラミングしながら学べる	ある程度のレベルになるまで時間を要する
	自分のレベルが上がっていることを実感できる	あるレベル以上の学習は有料の場合が多い
	ある程度まで無料で利用できるものが多い	
	学習レベルや進捗を自分で調整できる	
スクール	集中して学べる	本や学習サイトに比べて授業料が高い
	わからないことはすぐに講師に聞ける	時間と場所が制限される
	プログラミング以外のＩＴスキルも学べる	講師の質にバラつきがある
	本や学習サイトに比べて習得が早い	学習レベルや進捗を自分で調整しづらい
	時代背景に合わせる等の柔軟性がある	

先に進んでしまうと、早い段階でどうにも次へ進めない状況に陥ってしまう。

典型的な挫折パターンだ。

プログラミング以外でも、読者のみなさんは何かしらの仕事をし、学習し、趣味を持っておられるだろう。仕事は手元の作業だけを見ても理解できない。全体を理解しないと、仕事の真の面白さや意味を理解することは不可能だ。

何かをやりたい時、慣れて楽しくなってくるとイメージしやすくなるはずだ。プログラミングも例外ではない。

第3章、第4章ではイメージしやすいよう細かく説明させてもらったつもりだ。みなさんがプログラミングを一行ずつ見ながら、どういう結果になるのか、画面には何がどう表示されるのかを頭の中でイメージしていただけたのであれば、こちらも努力のし甲斐があったというものである。

プログラミングを学びながらイメージすることを繰り返せば、実現したい資料や、表現したい画面から、逆にプログラミングをイメージできるようになる。

イメージトレーニングさえできれば、ぐんぐん上達するのはどんな世界でも一緒である。ハードルはそんなに高くない。

プログラミングはとにかく作ってみること

プログラミングに慣れるには、まず一つのプログラミング言語に集中して基本を繰り返すことである。

プログラミング言語が違っても、プログラミングの構造や概念が大きく変わることはない。そのため、一つのプログラミング言語に集中して、まずはプログラミングに慣れることを優先した方が良策だ。

最初のうちからあれもこれも手を出すと、余計に混乱してしまうだけである。

そして、プログラミングの基本である選択構造や反復構造、変数や関数、演算子などを使って動かしてみる。最初は写経のように丸写しで構わない。

また、作ったプログラムをベースに、プログラミングの条件文を少し変えてみるとか、違う演算子を使ってみるとか、ちょっとずつ変えながら、試しながら動かしていくと、理解が深まるときがある。

百聞は一見に如かず、百考は一行に如かず、プログラミングは実践によって自然と身についていくものである。
一、二回程度では分からないことも、一行ずつ紐解いていきながら繰り返すことで慣れてくるし、突然閃いたかのように分かってくる楽しい瞬間が訪れるものである。

エラーには寛容な心と態度で向かい合う

プログラミングをやり始めたばかりで、まだプログラムを丸写しして動かしている段階であれば、プログラムが思った通りに動かないことや、多くのエラーに遭遇することはないだろう。

しかし、ちょっとずつ自分で考えて簡単なプログラムが作れるようになると、プログラムのオリジナル性や複雑さに比例して、プログラムが動かない状況やエラーの表示される回数が多くなってくるはずだ。

モチベーションを高めてスキルアップに挑んだプログラミング初心者が、挫けてしまいそうになる瞬間は、自分で作ったプログラムでコンピューターが動かなかったり、エラーが表示されたりしたときだ。

しかも、エラーは「ダメです。動きません」と教えるだけで、「何がどうダメなのか」までは親切に教えてくれない。下手をすれば、無限ループで抜け出せない場合もある。

そのため、エラーが出るたびに、「どこの場所の何がどうダメで、どうすれば先に進めるのか」を自分自身で探り当てなくてはならない。

作ったプログラムでコンピューターが動いている姿を見て、プログラミングの楽しさを早く味わいたいのに、エラーが出てしまうと、その原因を探して直さないと動いてくれないという煩わしさを味わうことになる。

二回、三回と動かしてなんとか解決するならまだ耐えられるが、何回直しても同じところでエラーになると、自分が否定されているかのように感じられ、精神的なショックもあって挫折する。

エラーは出ないはずと考えて自分でプログラミングし直したのに、再度エラーが出てしまうと、暗い気分になったり、イライラしてきたりするのだ。

そうなると、エラー恐怖症と言うか、折角のスキルアップのためのモチベーションが下がってしまい、プログラミングから遠ざかるようになってしまう。

エラーはあって当たり前

だから、まずは「エラーは出るもの」という考え方でプログラミングを始めてほしい。

実際にプログラミングを仕事にして稼いでいる人でも、全体の仕事の半分以上はエラー対応をしているものだ。

私などは、プログラミング作業全体の七割以上がエラーと戦っている気がする。

どんなにプログラミングのプロであっても、エラーを一つも出さずにプログラムを作り上げることは無理だ。逆に、エラーが一つも出ずにコンピューターが動いたときは、本当に大丈夫なのか疑ってしまうほどだ。

プログラミングは、「正しく作る」というよりは、「間違いを正していく」というイメージが強い。だから、プログラミングとは「エラーを出してはいけないもの」と考えるより、「エラーは出るものだから直せばよい」と考えて大らかに構えていればよいのである。

しかし、エラーを直さなければ、いつまで経ってもプログラムは動いてくれない。

エラーが出たときの大切なポイントは、エラーの解決方法である。それを知っているかどうかで、プログラミングのスキルはかなり変わってくる。

エラーを直す解決方法は、一カ所に書かれているわけではない。

例えば、自分が参照している本のページとは関係なさそうなことが書いてある別ページのサンプルプログラムにヒントが隠されている場合もある。

インターネット上のいろんなサイトを参考にしていると、似たようなプログラムが目に留まることもある。

さらに、少しだけプログラミングが分かってくると、本に書いてあるこの部分と、インターネット上にあるこの部分を組み合わせると、解決する、という場合もある。

こういうことを繰り返していると、プログラムの応用だけではなく、エラーの解決方法の応用も身についてくるだろう。

プログラミングの世界では、うまく動かなかったり、エラーが表示されたりする原因になっているプログラムの箇所を「バグ」と表現する。

プログラミングを始めるということは、この「バグ」ともうまく付き合っていく必要があるということなのだ。

プログラミングを難しいと思い込まない

現役のプログラマーが「プログラミングは難しくない」と言っても、プログラミング初心者からすれば、「できるから言えることだ」と思ってしまうだろう。

プログラミングを知らない人は、AIが将棋のプロに勝ったり、複雑なゲームの動きやロボットの動きを目にすると、プログラムがものすごいことをやっていると思いがちだ。したがって、多くの人の目には、プログラミングとはとてつもなく高度で難解なものと映るはずである。

規模の大きいものや、複雑な動きをスピーディーにこなすプログラムを作るには、確かに時間と労力と技術が必要だ。

しかし、普段使っているハードウェア（コンピューター）を動かしているソフトウェアもプログラムのかたまりである。決してプログラミングの基本や概念が難しいわけではない。

何十年も前から何ら変わってはいないのだ。

わざわざ難しいことをしようとしないで、本書で紹介したような簡単なプログラムを作ればいいのである。

プログラムは順次構造であるため、上から順番に一つずつ紐解いていけばいいだけだ。この基本も何ら変わっていない。

そう考えれば、難しいと思ってしまいがちなことも、途中で挫折することはないだろう。

ただ、プログラミングは難しくないと思うように努めても、未知の専門用語が出てくると戸惑ってしまうものである。

例えば、本を見ていたら知らない専門用語が出てきて、しかもその本に解説が載っていない、という場合もあるだろう。

そういうときは、他の本やインターネットで調べてみればいい。すると、見つけた解説にまた知らない単語が出てきたりする。しかし、調べた先でもよく分からなかったら、最初のうちは無視して進めばいい。

専門用語が分からなくても、プログラムは作れるから安心してほしい。

他のプログラマーに怒られるかもしれないが、現役のプログラマーが全ての専門用語を熟知しているわけではない。正確に全部説明できる人などほとんどいないだろう。

では、なぜプログラミングできるかと言えば、「覚えている」というより「調べることに慣れている」からである。少なくとも、そういう感覚である。

理解してから進むことも大事だが、進みようがなければ、そういう用語があるという程度に留めておいて、遠慮なく先に進めばいいのである。

そうすると、「また、あの用語が出てきたぞ」となる。人間、同じ言葉が何度も出てくれば知りたくなるものだ。

いったん頭の隅に置いて溜めこんでおいた用語は、そのうち見慣れてきて、なんとなく分かってくるものである。

とりあえず、プログラミングを始めたばかりの頃は、覚えることよりも慣れることを意識しよう。あまり難しくとらえずに、ゆるくプログラミングを楽しんでもらえれば、スキルは後からちゃんとついてくる。気を楽にして始めればいい。

プログラミングを楽しめる人がプログラミングに強い人

楽しめばいいと言われても、何も分からない状態からスタートしたプログラミングを、どのように楽しめばよいのか。

何か新しいことを始めたとき、それを楽しむことができないでいると、続けることが苦痛になってしまう。

プログラミングでコンピューターが動いたときの喜びと楽しみを味わいたくても、プログラミングをまったく経験したことのない人が、真っ白な状態から自分で考えてプログラムを作って動かすことは、おそらくできないだろう。

どこに喜びや楽しみがあるのかさえ分からない。

では、どうすれば楽しい瞬間を味わえるのか。

私がプログラミングを楽しいと思える瞬間は、やはり作ったプログラムでコンピューターが動いたときである。バグがあっても何でもいい。何かコンピューターが反応を示してくれたときだ。

ほとんど丸写しでも、自分の指でキーボードを打ってプログラミングしたものが、自分の目の前にあるパソコンの画面で動き出すと、うれしいものである。

プログラミングはまったく分からなくても、本書で紹介したプログラムを試していただいた読者は、作ったものが動くことを確認してもらえたはずだ。

手っ取り早く楽しみたいなら、ゲーム形式のプログラミング学習サイトやクイズ形式の学習サイトを利用してみるのもよいだろう。

小さいながらも目に見える成果や結果は、成功した経験として蓄積され、もう少しやってみたいというモチベーションの維持にもつながる。

プログラミングは、続ければ間違いなくスキルアップできる。

徐々にプログラミングに慣れてくると、自分で作った小さなプログラムがだんだん増えていき、少しずつ長い行のプログラムが作れるようになる。

そうなれば、その都度、プログラミングの楽しさを味わうことができるはずだ。

どうかワクワクしてプログラミングを楽しんでほしい。

あとがき

プログラミングは難しいものではなく、基本的なことでできていることを知ってもらいたいという思いで、拙いながらも筆を執らせていただいた。

プログラミングに少しでも興味があり、プログラミングの入り口に立ってみようかと思っている人の背中をちょっとでも押すことができれば、うれしい限りである。

コンピューターはプログラミングした通りに動く。もし期待していた通りに動かなかったら、それはコンピューターが間違えているわけではない。プログラミングが間違っているのである。コンピューターは決して裏切ることがない素直なものだ。ただし、書いた以上に余計な気配りをしてくれないことも間違いない。

ビジネスシーンで違和感なく使われている「プログラミング」という言葉。しかしながら、その中身がどう書かれているかは、すでにプログラミングを実践している人なら理解できているが、そうでない人にとってはいまだに曖昧で、漠然としたイメージではないだろうか。

プログラミングの基本的なことで、ハードルがものすごく高いならば話は別だが、「誰かがやってくれるので」、「興味がないので」と思ってしまうことが、プログラミングの「機会」を遠ざけているような気がして残念に思ってしまう。

私が初めてまともにプログラミングに触れたのは、学生時代になる。技術も知識も、何ができるかさえも分からないまま、ゼロの状態からスタートした。

当時は分からないことを調べたくても、プログラミング言語の分厚いマニュアルしかなかった。自分が満足できる情報ではなかった。

また、プログラミングを習ったとは言え、卒業後、すぐに仕事ができたわけではない。しかしそれは、ユーザーの要件を上手く汲み取れなかったとか、いろいろな新しい環境に戸惑ってしまったことなどによるもので、プログラミング自体が難しかったからでは決してないと今でも思っている。実務上の本音を言えば、仕事で戸惑うことがあるのはプログラミング以外のことばかりである。言い換えれば、プログラミングは誰にでもできる。

クラウドやSNSを使い、簡単に情報を伝えられる時代になったが、これらを構成するプログラムの中のプログラミングの基本概念は昔から何一つ変わらない。

システムを作る仕事に携わっていない限り、必要性は感じないかもしれないが、将来的に、今ある仕事のいくつかは、人工知能やロボットが行うようになると言われている。

たとえ自分の仕事がプログラムで動いている仕組みや機械に取って代わられることがなかったとしても、何かしらのプログラミング言語を知っていて、使っていて当然となる時代もやってくるだろう。

企業はスピードとコストと情報共有をなおいっそう、みなさんに求め始めている。その時に置き去りにされないように、まずはプログラミングの入り口を知っていただければと思う。

今はプログラミングを学べる機会が本当にたくさんあり、環境には恵まれている。本書を読み、プログラミングのドアノブに手を掛けたなら、次のステップへ踏み込んでみてはどうだろうか。


最後に、もう一度お伝えしたい。

人間のできることには限界がある。

一人で頑張ったとしても成果は思ったほどには上がらないものだ。

一つの解決方法としてプログラミングはある。

福嶋 紀仁　（ふくしま・のりひと）

有限会社ジー・ブレイン代表取締役。
1962年滋賀県生まれ。東海大学工学部卒業後、独立系ソフトウェア開発会社勤務を経て90年に独立。通信教育大手の教育ソフトのパッケージ開発や事務機器大手メーカーの販売管理システム、大手外食チェーンのサブシステムの開発、大手流通グループおよび大手金融機関の人事・採用システムの開発とマネジメントなどを手がけ、官庁関連のシステムにも関わっている。

あなたが10年後（ねんご）に生（い）き残（のこ）っているために
プログラミングを知（し）らないビジネスパーソンのためのプログラミング講座（こうざ）

2017年12月7日　初　　版
2018年 4 月3日　初版第2刷

著者
福嶋 紀仁

発行者
小林 圭太

発行所
株式会社ＣＣＣメディアハウス
〒141-8205　東京都品川区上大崎3丁目1番1号
電話　03-5436-5721（販売）
　　　03-5436-5735（編集）
http://books.cccmh.co.jp

印刷・製本
豊国印刷株式会社

ISBN978-4-484-17233-0